职业教育汽车类专业一体化系列教材

汽车文化

主　编　林　平

副主编　刘金平　段德军　储　明

参　编　林　龙　孙小霞　林　敏　李　诤
　　　　林　军　何芝玉　吴　强　罗彩茹

机械工业出版社
CHINA MACHINE PRESS

本书主要阐述了汽车发展简史、汽车名人、汽车品牌与标志、汽车比赛、汽车外形、汽车色彩、汽车展览和汽车公害等内容。

本书彩色印刷，将知识性与趣味性融为一体，内容翔实，新颖准确，图文并茂，可读性强，不涉及专业性很强的理论知识。

本书可作为职业教育汽车类专业教学用书，也可供汽车维修企业的技术人员和各类汽车技术人员参考使用。

为方便教学，凡选用本书作为授课教材的教师均可登录 www.cmpedu.com 以教师身份注册、下载电子课件。或来电咨询：010-88379201。

图书在版编目（CIP）数据

汽车文化/林平主编. —北京：机械工业出版社，2017.12
（2024.7重印）
职业教育汽车类专业一体化系列教材
ISBN 978-7-111-58783-5

Ⅰ.①汽… Ⅱ.①林… Ⅲ.①汽车-文化-高等职业教育-教材 Ⅳ.①U46-05

中国版本图书馆 CIP 数据核字（2018）第 008406 号

机械工业出版社（北京市百万庄大街22号 邮政编码100037）
策划编辑：师 哲　　　　　责任编辑：师 哲
责任校对：郑 婕 张 薇　封面设计：路恩中
责任印制：单爱军
北京虎彩文化传播有限公司印刷
2024 年 7 月第 1 版第 9 次印刷
184mm×260mm · 10.25 印张 · 248 千字
标准书号：ISBN 978-7-111-58783-5
定价：39.80 元

电话服务　　　　　　　　　网络服务
客服电话：010-88361066　　机 工 官 网：www.cmpbook.com
　　　　　010-88379833　　机 工 官 博：weibo.com/cmp1952
　　　　　010-68326294　　金 书 网：www.golden-book.com
封底无防伪标均为盗版　机工教育服务网：www.cmpedu.com

　　汽车正改变着社会形态和人们的生活，影响着人们的学习、工作乃至生活观念、生活方式，汽车已成为日常交通工具和生存手段，"汽车文化"这个名词也悄然出现在人们的口中，出现在各种媒体上。

　　那么，什么是"汽车文化"？

　　汽车文化是人类在研究、生产和使用汽车的过程中，所产生的行为、习俗、知识、艺术、法律、道德、准则和观念等方面的总和。

　　汽车文化可以归结为两个方面：一方面是汽车本身的，具体体现在汽车本身所折射出来的设计和制造理念；另一方面是汽车产品折射出来的全社会有关汽车人文精神的总汇。

　　汽车文化本质上是人类"移动文化"的一种形态，是人类移动史的一个历史阶段，是产品和工具的文化；它的内涵是交通方式的革命，是个性权力的扩张；它的核心是汽车广泛地融入我们的社会生活，影响了城市和社区结构。

　　因此，汽车文化内容应包括汽车技术文化、车史文化、造型文化、品牌文化、车标文化、赛车文化、驾车文化、公司文化、名车文化、名人文化、销售文化、造车文化、维修文化、收藏文化、博览文化和鉴赏文化等。

　　我国正在开始进入汽车社会，对汽车文化的追求还很朴素，汽车文化使命的重要性越来越突出。可以说，汽车社会是个新课题，汽车文化是个新领域，汽车文明是个新方向。

　　为了开阔学生的视野，拓展学生的知识面，让学生更全面地了解汽车、热爱汽车，丰富校园文化生活，普及汽车文化知识，感受、传播和弘扬汽车文化，我们编写了本书。编写中，力求做到将知识性与趣味性融为一体，内容翔实、新颖、实用，图文并茂，可读性强。

　　本书主要阐述了汽车发展简史、汽车名人、汽车品牌与标志、汽车比赛、汽车外形、汽车色彩、汽车展览和汽车公害等内容。

　　本书建议学时为60学时。其中，第一章14学时，第二章6学时，第三章12学时，第四章12学时，第五章12学时，机动2学时，成绩考核2学时。同时，尽可能安排一定时间进行社会实践活动，如参观汽车制造厂、汽车博物馆、汽车展览会，观看汽车比赛、汽车电影等。

　　本书由林平担任主编，刘金平、段德军、储明担任副主编，参加编写的还有林龙、孙小霞、林敏、李诤、林军、何芝玉、吴强、罗彩茹。

　　本书部分图片资料来自网络，无法一一注明出处，特向原作者表示感谢，并请谅解。

　　由于编者水平有限，书中不当之处，恳请大家提出宝贵意见。编者邮箱：lpingauto@163.com。

编　者

目　录

第一章

汽车发展简史

自古以来，马与车就是黄金搭档。不论是战争年代的"车辚辚，马萧萧"，还是良宵元夕的宝马雕车香满路；从东方的孔夫子周游列国，到欧洲的拿破仑横扫千军，昂首长嘶的骏马牵引着滚滚前行的车辆，碾过了人类数千年的文明史。第一位牵走马匹而将发动机装在马车上的先驱者，绝对不会想到只用了不到一百年的时间，就使得奔跑了数千载的马车无奈地从道路上逐渐消失了——取而代之的就是"汽车"。

第一节　车的起源

一、车的起源：橇—轮—车

车，就是用轮子在地面上行驶的交通工具。车的发展经历了一个漫长的时代。

车是人类最重要的发明之一。关于车的发展过程有两种说法：一种说法认为先有橇，后来在下面放滚子，滚子发展成为车轮；另一种说法认为，古时人们崇拜太阳而使用圆盘，这种圆盘发展成了车轮。

原始社会人类在从事狩猎和采集劳动过程中，为搬运工具和猎获物就有运输劳动。人类最初搬运物品是手拿，头顶，肩扛。人类最早的运输工具是个粗制的木棒，重物悬挂在棒上一人可以背负肩挑，两人可以抬行。3500 年前，苏美尔人的石雕上，刻有原始人用一根木棒抬猎物的图案。

原始人类发明的重要运输工具之一就是橇，如图 1-1 所示。公元前 5000 年，北欧已使用鹿拉雪橇；公元前 3500 年，美索不达米亚平原已有牛拉陆橇。

车的初级阶段可能是架在滚木上的橇。人们用木板或木棒做成橇，把物品放在上面拉，然而这样产生的摩擦力太大，后来人们懂得了在下面放圆石头或圆木滚动着搬运比较省力，这样就引发了搬运手段的重大变革。例如在公元前 1500 年建造埃及金字塔和庙宇的过程中就用滚木来移动石头。这种使橇滚动向前的装置（圆木）就是滚子。车轮就是由滚子改良而成的：把滚子的中央部分稍微削一削，以减轻质量，中间部分形成了轴，两端部分成为轮子，这样就完成了车的发明。这种圆木与木橇的结合，可以说是车的雏形。这就是从滚子开始的车的发展说，如图1-2所示。

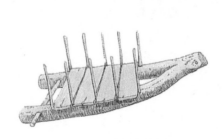

图1-1 用树枝做成的橇

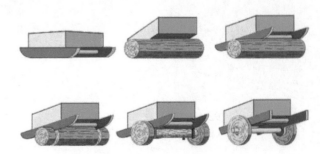

图1-2 滚子—轮子—车子的演变

最古老的车，特别是作为既有车轮又有车身的车，似乎是公元前3300年美索不达米亚地区使用的车。从美索不达米亚的乌尔国王巴尔基的坟墓中出土绘有苏美尔战车的镶嵌画——乌尔之旗，如图1-3所示。在这画上可以清楚地看到有车身，车身上附有车轮。很明显，当时已经使用车了。

后来，人们发明了有辐的车轮，这种结构比从前的实体车轮轻便了许多，称为辐式车轮，拉车则用马来代替牛拉，速度就快多了，车身也变得轻巧灵活，因此车被古人用在战争中，如图1-4所示。

图1-3 镶嵌画乌尔之旗描绘的美索不达米亚地区使用的车

图1-4 反映最早用在战场上的苏美尔战车的石刻

一般认为，车子起源于美索不达米亚，在伊拉克乌鲁克（Uruk）遗址发现了公元前4000年左右的车子的象形文字。Uruk是苏美尔时期和后来巴比伦时期的古城，它位于现在的伊拉克赛马沃市以东30km。

1974年，在叙利亚的耶班尔·阿鲁达发现了一只用白垩土做的轮子模型，直径80mm，厚30mm，轮子两面都有突出的轮毂，其年代为乌鲁克文化时期（约公元前3500—公元前

3100 年）。这也是中东地区最早的车轮模型。此模型现藏于叙利亚阿勒颇的考古学博物馆。

也有人认为车子起源于高加索地区，依据是该地区出土了年代为公元前 5000 年的战车。2012 年，在格鲁吉亚东部拉戈代希市附近发现了约公元前 3000 年的库尔干战车墓葬，其中包括两辆战车，每辆战车有四个木轮，如图 1-5 所示。

图 1-5 格鲁吉亚约公元前 3000 年的战车复原绘画

中亚存在的实物马车的最早证据是属于公元前 3000 年的辛塔什塔-比德罗夫卡文化，于 1972 年在俄罗斯契里阿滨斯克地区发现的，在发现的墓葬中，有 5 处葬有马车。该马车的车舆是长方形的，装在 2m 长的车轴上，固定在轴两端的车轮直径在 1m 左右，轮辋由两块木料煣制而成，每轮有 28 根内接于车毂、外接在轮辋的车辐。

二、马车盛世：黄金马车与公共马车

欧洲对于旅行马车的记录最早可以追溯到 1457 年，当时的匈牙利国王拉迪斯劳斯五世（Ladislaus Ⅴ，1444—1457）将一批匈牙利风格的四轮马车作为国礼赠送给法国皇后。这批马车被称为"科奇"，这是以它们的制造地——匈牙利一个名为"Gutsche"或"Kutsche"的小镇命名的。

16 世纪的西班牙，其政治、经济、生活方式等对整个欧洲都有影响。贵族们开始喜欢乘坐四轮马车，使得这些四轮马车日益豪华，人们已不把其当作载人工具，而视为身份地位的象征。

直到 17 世纪中期，欧洲的旅行马车几乎都是王室贵族、上流社会的专属交通工具。

在英国，1792 年开始使用黄金马车（见图 1-6），自从乔治三世（George Ⅲ，1738—

图 1-6 黄金马车

1820）以来，所有的英国国王都坐这辆马车去参加加冕仪式（见图 1-7）。这辆马车很豪华，由当时英国著名的设计大师和雕刻大师精心雕琢而成，最后还镀上了黄金，重达 4000kg，整个马车的装饰极其豪华奢侈，车身两侧的图案由意大利著名画家绘制，不愧为马车中的精品。即使在高度发达的今天，英国女王在参加加冕仪式时，仍然要乘坐这辆传统的黄金马车。

随着社会的变迁，马车渐渐进入了民间。18 世纪初期，仅巴黎一座城市就有 15000 辆出租马车可供人们使用。长途公共马车也在 18 世纪下半叶问世，最初只是为满足往返于巴黎和里昂之间的旅客而设置，但很快风靡欧洲，成了整个欧洲大陆的主要交通工具。

1832 年，美国纽约市在曼哈顿街道上铺设轨道，开始运行有轨公共马车，仅用 2 匹马就可以拉动载有 40 多名乘客的车厢，比普通马车的乘客多出 2 倍，如图 1-8 和图 1-9 所示。1847 年英国的伦敦出现了最早的双层公共马车，敞开的顶层可以让乘客悠闲地浏览市容；1850 年以后，马车的木质轴逐步被钢铁轴所替代；1851 年顶层有了遮阳防雨的顶篷；1861 年伦敦的街道上也有了有轨马车。

图 1-7　英国皇室要员在重要活动中
　　　　乘坐黄金马车是一种传统

图 1-8　19 世纪 30 年代轨道马车使载客量
　　　　增加，成了公共交通工具

图 1-9　美国纽约市曼哈顿街道上的公共马车

为了提高车速，人们做了很多尝试，这就使得马车具备了早期汽车的基本结构：车轮、车厢、悬架和制动。因此，马车的发展与完善，已经为汽车的诞生创造了有利的条件。

第二节　汽车雏形

一、达·芬奇的秘密：发条自动车

1500 年，意大利的文化巨人、文艺复兴时期杰出代表达·芬奇（Leonardo da Vinci，1452—1519）（见图 1-10）开始探索自动车的奥秘。他设想使一个带齿的圆盘进行水平旋转，旋转的力通过带有齿轮的车轴和车轮连接起来，车就可以前进了。但是用什么样的力量才能使圆盘转动起来呢？他从钟表的运转得到了启发：既然发条机构可以积蓄力量，那么它必定能长时间使圆盘转动。

可是，达·芬奇的工作仅仅只限于理论上的探讨，并没有进行实际上的研究，他所提出的利用发条机构作为车辆原动力的初步设想，在长时期内也没有能够引起人们的重视。他在笔记本上绘制了车辆草图（见图 1-11），可惜未经试制，其图纸就藏进米兰市安布罗加图书馆。

图 1-10　意大利文化巨人、文艺复兴
时期杰出代表达·芬奇

图 1-11　达·芬奇的"汽车"
设计草图

2004 年 4 月 23 日，在佛罗伦萨举办了一个纪念达·芬奇的展览，首次展示了这位天才大师的一项发明成果——用发条推进的汽车。这个模型是按照当年达·芬奇记录在笔记本中的车辆草图制作的，它看上去像古老的运货车，但是内部结构与现代汽车颇为相似，只不过它是由数组发条推动行驶的，螺旋弹簧安装在两个后轮的底盘上，并连接上方的棘轮装置。在展览上，科学家当众对其进行演示证明其设计可行——这辆车在上足发条的弹簧推进下行驶了 40m，如图 1-12 所示。

图1-12 达·芬奇设想的车辆模型复原

二、汽车雏形：风力帆车

1604 年，荷兰数学家、工程师西蒙·斯蒂芬（Simon Stevin，1548—1620）（见图1-13）把木轮装到船上，制造出双桅风力帆车，凭借风力驱动帆车行进，这种帆车被称为汽车的雏形。

据说，这种车能以 24km/h 的速度沿荷兰的海岸线奔驰。风力帆车实际上是在帆船上装上车轮，或者说是在马车上装上了桅帆，如图1-14 所示。

图1-13 西蒙·斯蒂芬   图1-14 汽车的雏形——双桅风力帆车

第三节 蒸汽汽车

一、汽车始祖：南怀仁的记录

1678 年，著名的比利时耶稣会传教士南怀仁（Ferdinand Verbiest，1623—1688）（见图1-15）制成了一辆布兰卡冲动式蒸汽汽车，用作中国皇帝的玩具。车长 60cm，有 4 个车轮和 1 个导向轮，车身中央安装着一个煤炉，上置盛水的金属曲颈瓶；水被加热到沸腾后汽化，产生一定的压力，蒸气由弯曲的瓶口高速射出，叶轮在蒸气的冲击下转动，产生的动力再通过齿轮传递给车轮，驱动车辆前进。车前还装有手动导向轮，控制行走方向。

　　这辆车在他的《欧洲天文学》一书中的"气体力学"部分有过详细的描述。它可称得上是一辆成功的蒸汽汽车，但它还只是一辆汽车模型而无实用价值。南怀仁构想的这种车，很可能受启发于中国周朝时的一种用火作动力的"火战车"的记载。南怀仁的《欧洲天文学》手稿成于康熙廿年（1681 年），6 年后刊于德国出版的《欧洲天文学》上；后为外国学者多次引用。南怀仁的这辆车被《吉尼斯世界纪录大全》认为是汽车始祖。此车是记录在案的最早的汽车，如图 1-16 和图 1-17 所示。

图 1-15　比利时耶稣会传教士南怀仁

图 1-16　南怀仁发明的蒸汽汽车模型的几种复原图

图 1-17　南怀仁在比利时家乡纪念馆内存列的蒸汽汽车模型

二、第一辆依靠自身动力行驶的车：蒸汽汽车

1705 年，英国工程师托马斯·纽科门（Thomas Newcomen，1663—1729）（见图 1-18）在取得"冷凝进入活塞下部的蒸气和把活塞与连杆连接以产生运动"的专利权，即蒸汽机的专利权以后，继续改进蒸汽机，于 1712 年首次制成可供实用的大气式蒸汽机（见图 1-19），被称为纽科门蒸汽机。纽科门蒸汽机是第一个实用的蒸汽机。作为蒸汽机的发明人，他为后来蒸汽机的发展和完善奠定了基础。

图 1-18　英国工程师托马斯·纽科门　　　　　　图 1-19　托马斯·纽科门发明的蒸汽机

1765 年，英国的詹姆斯·瓦特（James Watt，1736—1819）（见图 1-20）对纽科门蒸汽机进行改进，他想到将冷凝器与气缸分离开来，使得气缸温度可以持续维持在注入时蒸气的温度，并在此基础上很快建造了一个可以运转的模型。1769 年瓦特取得了分离冷凝器的专利。1781 年瓦特制造了从两边推动活塞的双动蒸汽机，1782 年瓦特的双向式蒸汽机取得了专利。瓦特的这种实用蒸汽机（见图 1-21），为实用汽车的出现创造了必要的物质条件。

图 1-20　英国发明家和工程师詹姆斯·瓦特　　　　图 1-21　詹姆斯·瓦特改良后的蒸汽机

蒸汽机尽管体积硕大，非常笨重（见图 1-22），但这确实在当时的自动车研制者中升起了灿烂的希望之光。

图1-22 300多年前的蒸汽机（其体积太大了）在矿山工作时的景况（1786年）

1769年，法国陆军技师、炮兵大尉尼古拉斯·古诺（Nicolas Cugnot，1725—1804）（见图1-23），成功地制造出世界上第一辆完全依靠自身动力行驶的蒸汽汽车。"汽车"由此而得名（也有人认为汽车的得名是因大都使用汽油）。这是汽车发展史上的第一个里程碑。

1771年，古诺又研制成功了更大型的蒸汽汽车法蒂尔。该车长7.2m，宽2.3m，有3个车轮，也是木制的；行驶速度9.5km/h，它可以牵引4~5t的货物，性能也有所改善。

图1-23 尼古拉斯·古诺

虽然古诺的蒸汽汽车仍然是一个短暂的实验，由于固有的不稳定性，车辆未能满足军方指定的性能水平。然而，古诺的蒸汽汽车是第一辆由机器驱动、功能良好的道路用车。该车现珍藏在巴黎国家艺术及机械品陈列馆公开展出，如图1-24所示。

图1-24 巴黎国家艺术及机械品陈列馆内的古诺蒸汽汽车（1771年）

第四节　现代汽车

一、众多的"汽车发明者"：内燃机汽车的先驱

尽管蒸汽汽车已达到了很高的技术水平，但是它既不具备社会条件（购买力弱、需求量小），也不具备技术前提（重量大、操作困难）。内燃机的应用，才为汽车的广泛发展提供了全新的可能性。

1804 年，居住在巴黎的瑞士人弗朗索瓦·阿耶萨克·德·里瓦兹（Francois Isaqc De Rivaz，1752—1829）（见图1-25）在气缸内使氢气燃烧，以爆发所产生的膨胀力为动力来推动车子的发动机实验成功，并于 1807 年取得了法国专利权。他还造出了一辆试验用车，由储存的氢气点火后，使活塞在位于一个上方开口的气缸内上下运动，当活塞下降时，通过活塞拉杆拉链转动棘轮拉动麻绳，麻绳再拉动车后轮，车轮转动，使汽车行走。但这种发动机不论往气缸里送燃料的气门，还是点火，都是直接用手来操作的，以至于后来不得不放弃试验。里瓦兹是最早尝试以燃烧式内燃机应用于道路车辆的发明家，里瓦兹汽车模型如图1-26所示。

氢气储存装置　　氢气发动机

图 1-25　弗朗索瓦·阿耶萨克·德·里瓦兹　　　　图 1-26　里瓦兹汽车模型

1823 年 12 月 4 日，英国的机械师塞缪尔·布劳恩（见图1-27）发明了实用的真空发动机。他利用煤气燃烧在气缸里产生真空，产生大气压力来推动一些往复机件，从而产生动力的发动机，如图 1-28 所示。1826 年，他制成了一台稍有改进的煤气双缸发动机，它装有水冷式冷却装置，功率约为3kW（4马力），并于 1826 年 4 月 22 日获得了专利。1826年 5 月 27 日，他用这台真空内燃机制成了一辆汽车，并开创了汽车爬上肯特郡布莱克希恩的舒特斯山的纪录。因此，有人推崇布劳恩是内燃机汽车的最早设计人。

1862 年 5 月，比利时出生的法国籍技师埃特安·勒诺瓦（Etienne Lenoir，1822—1900）（见图1-29），在巴黎的拉罗

图 1-27　塞缪尔·布劳恩

凯特的工厂给一辆大型载客马车安装了自己于 1860 年设计的 1.1kW（1.5 马力）二冲程发动机，制造出世界上第一辆具有行驶价值的燃气内燃机汽车（见图 1-30）。1863 年 9 月，勒诺瓦把车开出拉罗凯特大街，穿过万塞讷森林，直到乔万比尔，行驶了 9.6km（6mile），平均时速 6.4km（4mile），往返用了 3h，图 1-31 是勒诺瓦制造的内燃机汽车进行试车。由于他的发动机压缩比为零，所以它能否正式算为内燃机汽车，人们还有争议；同时，由于庞大的发动机体积和携带的燃气罐，不适合于道路交通车辆应用。后来，勒诺瓦没有继续他在汽车方面的事业，兴趣转移到汽艇方面。

图 1-28　布劳恩设计制造的燃气真空内燃机

图 1-29　埃特安·勒诺瓦

图 1-30　勒诺瓦制造的世界上第一辆具有行驶价值的内燃机汽车

图 1-31　勒诺瓦制造的内燃机汽车进行试车

1883 年，法国的纺织机械师爱德法特·戴玻梯维尔（Edouard Deboutteville，1856—1901）（见图 1-32）制造了一辆在马车上装置一台双缸、4.4L、5.88kW（8 马力）汽油机的四轮汽车，该设计图在 1884 年的专利说明书中有所表示。1884 年 2 月 12 日，这个发动机的点火、燃料供给系统获得了发明专利权。汽车制造好后，戴玻梯维尔把车从家中开出去进行试验，路上凹凸不平的石块，使得四轮马车的铁轮难于行驶，发动机的动力远不如畜力好，这次试验失败了。接着，戴玻梯维尔改用橡胶轮胎的三轮车进行试验，由于发动机太重又把车弄坏了，戴玻梯维尔取得专利汽车的模型如图 1-33 所示。

图 1-32　爱德法特·戴玻梯维尔

图 1-33　戴玻梯维尔取得专利汽车的模型

两次试验均告失败。"汽车制造完成"这点是可以肯定的，但是后来是否经过运行则证据不足，在地方报纸上也没有任何试车的报道，更从未经过实际使用。戴玻梯维尔专利申请的汽车是一个比较完善的发明，他已解决了所有基本问题，也有很多创新，如活塞环、空气和水冷却、排气消声器等，重要的是他采用了液体燃料、活塞式四冲程发动机。

1984 年，法国人隆重庆祝他们的第一辆汽车诞生 100 周年，并公布了法国人在 100 年前所做的大量的试验工作和戴玻梯维尔所提出的专利，邮政部门也为此发行了一枚 3 法郎的汽车百年纪念邮票，政府还修建了戴玻梯维尔发明汽车的纪念碑，目的是希望世界承认戴玻梯维尔在 1884 年发明了汽车，如图 1-34 和图 1-35 所示。

图 1-34　法国邮政部门发行的戴玻梯　　　　　图 1-35　法国政府修建的戴玻梯维尔发明
　　　　　维尔汽车纪念邮票　　　　　　　　　　　　　　汽车的纪念碑

二、现代汽车的诞生：二轮车、三轮车与四轮车

1. 二轮车——摩托车的发明

1885年8月29日，德国斯图加特堪斯塔特的哥特利布·戴姆勒（Gottlieb Daimler，1834—1900）（见图1-36），把汽油机装到专门制造的自行车上，获得了摩托车专利。注册时取名为"石油发动机骑行车"。该摩托车装有戴姆勒自制的单缸、风冷、四冲程的"立钟"汽油机，排量为264mL，功率约为370W（0.5马力），转速为600r/min，重量为50kg；发动机输出动力通过传动带和齿轮两级减速传动，驱动后轮前进；车架为木制，左右还有两个支地小车轮，其作用是静止时防止倾倒；车轮外层包有一层铁皮；最高车速为12.9km/h。车座做成马鞍形，外面包一层皮革。这辆世界上最早的摩托车（见图1-37）在1903年的火灾中荡然无存，现保存在斯图加特汽车博物馆内的摩托车是1905年复制的。

图1-36 哥特利布·戴姆勒

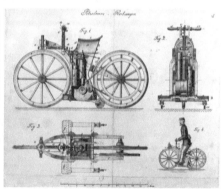

图1-37 戴姆勒取得专利的世界上最早的摩托车（1885年）

2. 三轮车——汽车专利

1886年1月29日，德国曼海姆的一个火车驾驶人的儿子卡尔·弗里特立奇·本茨（Karl Friedrich Benz，1844—1929，Karl也可写作Carl），为他于1885年9月5日所制造成功的三轮乘坐车，向专利局申请发明汽车的专利，1月29日成了汽车的"生日"，本茨被誉为"汽车之父"（见图1-38）。

这是因为公认的汽车定义中排除了用蒸汽机驱动的各种车辆，而本茨是最早使汽油机汽车作为商品制造成功的人。1886年7月3日，本茨在曼海姆的街上进行了第一次公开试验。这辆汽车在路上首次试验以15km/h的速度行驶了1km的消息，刊登在第二天的地方版《新巴蒂希·兰登奇敦》的

图1-38 汽车之父卡尔·本茨

"其他新闻"中："当天清晨，本茨的三轮机动车在曼海姆市环城大街上进行公开试车"；《新德意志报》也同时在"杂讯"中作了简单报道。该专利于当年11月2日由德国专利局正式批准发布，专利证书号为37435，属于空气及气态动力机械类，专利名称是"气态发动机汽车"，如图1-39和图1-40所示。

图1-39　卡尔·本茨取得专利的第一辆汽车

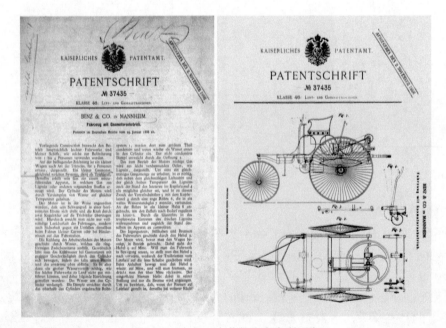

图1-40　卡尔·本茨的汽车专利证书

本茨的三轮汽车可以乘坐2人，装有实心橡胶轮胎，前面一个小轮子，后面两个大轮子，发动机放在后轮的车架上，人坐中间，靠一根操纵杆控制方向，并首先采用了所谓的齿轮齿条转向器，用齿轮和链条使车的后轴转动，装有相当先进的差速器；发动机是本茨自制的单缸、四冲程汽油机，排量为0.93L，功率约为600W（0.8马力），转速为400r/min，并装有散热器；整车重254kg，最高车速为16km/h。现在这辆车被收藏于德国斯图加特奔驰汽车博物馆。

3. 四轮车——现代汽车先驱

1886 年 3 月 8 日，戴姆勒为庆祝妻子埃玛的 43 岁生日，花 795 马克订购了一辆四轮马车，他在埃斯林加机械制造厂将马车加以改制，将他的立式汽油机安装于马车上，增添了传动、转向等必备机构。该车装有单缸、缸径为 70mm、行程为 120mm 的水冷式汽油机，其排量为 0.462L，功率为 845W（1.15 马力），转速为 650r/min；汽车车速可达 17.5km/h，可变 4 个速度（17.5km/h、11km/h、7km/h、4.5km/h）；发动机后置，安放在座椅和地板之间，通过传动带传递动力到与后轮平行的齿轮轴上，该齿轮轴和与轮辐相连的齿轮啮合，从而带动车轮；装有摩擦式离合器，后轮驱动，采用转向杆转向；车架涂着深蓝色漆，座位上套着黑色皮套；车前挂着一盏灯笼用以夜晚照明。

戴姆勒的这辆四轮马车于 1886 年 8 月制成，是世界上第一辆具备完全功能的乘坐用四轮汽油机汽车，如图 1-41 所示。

图 1-41 世界上第一辆具备完全功能的乘坐用四轮汽油机汽车

三、汽车时代的标志：福特 T 型车与生产流水线

1. 福特 T 型车

1999 年 12 月 4 日，福特 T 型车当选为"20 世纪之车"（Car of the 20th Century）；亨利·福特（Henry Ford，1863—1947）（见图 1-42）当选为"20 世纪最伟大的汽车企业家"。

1903 年 6 月 16 日，由亨利·福特等人在美国底特律注册创办了福特汽车制造厂，当年生产出第一辆福特牌汽车。

1908 年 10 月 1 日，经过开发了 A、B、C、F、K、N、R 和 S 八种车型后，在福特整个汽车制造生涯中占有极其重要地位的 T 型车诞生了，如图 1-43 所示。

T 型车装有容积为 2888mL、功率为 14.7kW（20 马力）、转速为 1600r/min 的四缸四冲程汽油机，采用两个

图 1-42 "汽车大王"亨利·福特

前进档、一个倒档、脚踏换档的行星齿轮变速器，最高车速为 65km/h，可乘坐 5 人，自重 540kg。

图 1-43　T 型车（直至停产前一年才有了彩色车身）

T 型车正式投产后，成千份附有现金的订单顿时涌来，公司甚至不得不在年末宣布暂停接受新的订单。物美价廉、简单实用的 T 型车，无论是工人、农民、富人、穷人，还是男人、女人、老人、少年，都很喜欢它。

2. 福特汽车生产流水线

T 型车第一年就售出了 10607 辆，面对雪片般飞来的 T 型车订单，福特意识到原始的手工组装技术和工序应当像马车一样退出历史舞台。

福特对大批量汽车制造流水作业方式做出了精彩的构想：大批量生产方式就像流动不息的河流一样。在正确时间涌出材料、原料的源泉，然后汇合成一股零部件的河流，这条河流又以正确时间汇聚成大部件的河流，当这些以正确时间流动的河流汇集河口出处时，一辆完整的汽车就诞生了。

到 1913 年，福特又请来了"机械化天才"沃尔特·弗兰德斯（Walter Flanders，1871—1923）和设计师艾佛里·克拉伦斯（Avery Clarence，1882—1949），于是，在 1913 年 10 月 7 日福特汽车制造厂出现了世界上第一条汽车生产流水线，如图 1-44 所示；1913 年 12 月 1 日，流水线正式开始运行；直到 1914 年 1 月 14 日，海兰公园工厂的全过程链式总装传送带完全建成。

图 1-44　福特汽车生产流水线

福特汽车公司首创的以这种生产方法和管理方式为核心的"福特制"，为后来汽车工业的发展提供了楷模，掀起了世界范围内具有历史进步性的"大批量生产"的产业革命。

到 1914 年，福特汽车厂生产一辆汽车仅需 1h 33min；1920 年 10 月 7 日达到每分钟生产一辆汽车；1924 年 6 月 4 日，T 型车第 1000 万辆下线；1925 年 10 月 30 日这一天就生产了 9109 辆。福特汽车生产流水线第一次使汽车能够大批量、标准化生产，并以一般人购买得起的较低价出售（首批 T 型车的售价为每辆 850 美元，当时其他汽车平均卖 2318 美元一辆，到 1923 年 T 型车最低曾降到 265 美元）。从此，T 型车把汽车从贵族及有钱人的专利品变成了大众化商品，汽车开始成为常见的交通工具，如图 1-45 所示。

图 1-45　福特 T 型车真正进入家庭，改变了人们的生活方式

直到 1927 年 5 月 26 日停止生产 T 型车，期间，累计生产 T 型车 15458781 辆（共销售 15456868 辆，仅美国就生产销售了 15007033 辆）。T 型车的车身轻便，设计简单，使用可靠，售价便宜，被誉为"历史性的平民汽车"，成为美国汽车史上第一部经典作品。

可以说，从 T 型系列汽车开始，人类才算真正跨进了汽车时代。

 技能训练与实践活动

1. 利用网络查找与汽车文化相关的知识。
2. 成立车迷活动小组，拟订车迷活动计划。
3. 讨论：汽车的诞生对人类社会的进步和发展带来了哪些巨大的影响？
4. 思考：从汽车的雏形开始，汽车发展史上有哪些重要的事件（包括时间、国家、人物、事件内容等）。

第二章

汽车名人

一、卡尔·本茨：汽车之父

卡尔·本茨（见图 1-38），德国著名的戴姆勒-奔驰汽车公司的创始人之一，现代汽车工业的先驱，汽车专利获得者。

1844 年 11 月 25 日，本茨出生在德国巴登-符腾堡州的卡尔斯鲁厄，父亲约翰·乔治·本茨（Johann Georg Benz，1809—1846）是一位火车驾驶人，本茨 2 岁时父亲因一次火车事故丧生。家境贫困，他的母亲约瑟芬·维拉塔仍然供他上学，使他获得良好的教育。"让火车摆脱铁轨的束缚自由奔驰"成了本茨儿时的梦想。从中学时期，本茨就对自然科学产生了浓厚的兴趣。1860 年，本茨进入卡尔斯鲁厄综合理工学院（即后来的卡尔斯鲁厄大学）学习机械工程，较为系统地学习了机械构造、机械原理、机械制造、经济核算等课程，为他日后的发展打下了良好基础。

1864 年，本茨大学毕业后，先后在卡尔斯鲁厄机械工厂、蒸汽机公司从事设计师工作，还在维也纳的一家钢铁结构公司工作过一段时间。

在经历过学徒工、服兵役、娶妻生子等人生经历后，本茨于 1883 年 10 月 1 日创建了莱茵奔驰煤气发动机公司，开始只有 25 个雇员，主要生产固定式燃气二冲程发动机（图 2-1）。

1886 年 1 月 29 日，本茨为他制造成功的三轮乘坐车，向德意志帝国（今德国）专利局申请汽车发明专利，这一天成了汽车的诞生日，本茨也被誉为"汽车之父"。这是因为公认的汽车定义中排除了用蒸汽机驱动的各种车辆，而本茨是最早把汽油机汽车

图 2-1　固定式燃气二冲程发动机

作为商品制造成功的人。

1899年5月8日，奔驰公司成为一个有限公司。公司雇员增加到了430人，当年汽车产量为572辆，成为世界上最成功的汽车生产商。

1929年4月4日，本茨在拉登堡家中去世，享年85岁。

二、哥特利布·戴姆勒：现代汽车创始人

哥特利布·戴姆勒（见图1-36）——德国发明家，现代汽车工业的先驱，汽油机专利获得者，摩托车专利获得者，戴姆勒-奔驰汽车公司的创始人之一。

1834年3月17日，戴姆勒出生于德国符腾堡雷姆斯河畔赛恩多夫的一个手工业工人家庭，是父母的第二个孩子，父亲约翰尼斯·戴姆勒是一位面包店老板。

1847年，13岁的戴姆勒小学毕业。1848年后，他做过制枪匠学徒。1857～1859年间在斯图加特技术学校学习，之后他到过法国和英国的多个机械公司工作。1862年在参观伦敦世界博览会后，戴姆勒回到了德国。戴姆勒对燃气发动机产生了浓厚的兴趣，并开始学习研制燃气发动机。

1865年，戴姆勒任道依茨燃气发动机股份公司工程师。就是在这里，他与威廉·迈巴赫（Wilhelm Maybach，1846—1929）成了朋友，这次相遇对于两个人来说，都是生命中的重大转折点，他们成了密不可分的伙伴。

1882年，戴姆勒离开了道依茨燃气发动机股份公司，在堪施塔特（现在是斯图加特的一部分）买了一幢别墅，他把自家屋子后花园的温室改建为自己的第一个车间（如图2-2所示，现在陈列着各种发动机和工具的模型，生动再现了当年的工作场景），并让迈巴赫也跟他合伙干。戴姆勒开始潜心研究，致力于开发更小、更轻、效率更高、适用范围更广、机动性更好的四冲程发动机。

图2-2　戴姆勒把自家屋子后花园的温室改建为自己的第一个车间（1992年7月重新修建）

1883年，他与好友威廉·迈巴赫合作，成功研制出高速汽油机，转速达600r/min，这比奥托四冲程发动机的转速提高了3倍，在这之前所有发动机还没有超过250r/min的。1883年8月15日，他们制成了今天汽车用发动机的原型——高压点火卧式汽油机，如图2-3所示；并于同年12月16日获得了德意志帝国第28022号专利——汽油发动机的专利。

1884年5月，戴姆勒成功地把卧式汽油机改制成体积尽可能小的立式汽油机，取名

"立钟",并于1885年4月3日取得了立式汽油机的专利,专利号为34926,如图2-4所示。

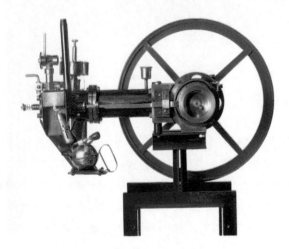

图2-3　高压点火卧式汽油机(1883年)　　　　图2-4　戴姆勒立式汽油机(1885年)

戴姆勒把汽油机装到专制的自行车上,于1885年8月29日获得了摩托车专利,专利号为36423。注册时取名为"石油发动机双轮骑行车"。

1886年8月,戴姆勒把新型立式发动机安装在马车上,制造了第一辆戴姆勒四轮汽车,这是第一辆具有现代意义的汽车。

1890年11月28日,在斯图加特附近的堪施塔特城,戴姆勒合伙组建了戴姆勒发动机有限公司(Daimler Motoren Gesellschaft,简称DMG),戴姆勒任监管会代理主席,开始大批量生产汽油发动机,并批量生产汽车。

1900年3月6日,戴姆勒因心脏病卒于德国斯图加特的堪施塔特,享年66岁。

三、威廉·迈巴赫:汽车设计之王

威廉·迈巴赫(Wilhelm Maybach,1846—1929)(见图2-5),德国汽车工业界最重要的先驱人物之一,戴姆勒-奔驰公司的三位主要创始人之一,被誉为"汽车设计之王",还创建了豪华车品牌迈巴赫。

1846年2月9日,威廉·迈巴赫出生于德国巴登-符腾堡州海尔布隆的勒文斯坦市,他有4个兄弟姐妹,后来全家搬到了斯图加特。在威廉·迈巴赫10岁的时候,父母相继去世,幼小的他成了一个孤儿。幸运的是,在威廉·迈巴赫面临生活困难的时候,一家慈善机构将他安排居住在罗依特林根兄弟会里面。除了孤儿们的居住与教育外,兄弟会也附设有机械工厂,让孤儿们能在里面工作并且学习谋生技能。

1865年,在罗依特林根兄弟会附设机械工厂里工作的威廉·迈巴赫与哥特利布·戴姆勒初次见面。相同的兴趣和爱好,架起了威廉·迈巴赫和哥特利布·戴姆勒友谊的桥梁,两人成为亲密无间的挚友。

1869年9月,威廉·迈巴赫接受戴姆勒的邀请,来到了道依茨燃气机公司,担任技术制图员的工作,1872年7月1日,年仅26岁的迈巴赫被任命为设计主管。

1882年10月,威廉·迈巴赫追随戴姆勒离开了道依茨燃气机公司,并开始与戴姆勒着手研究和开发轻型高速发动机（俗称"老爷钟"），如图 2-6 所示。经过他们的不懈努力，发动机的转速得到大大提升，这些汽油机的发明专利为后来的商业化道路奠定了良好的基础。

图 2-5 "汽车设计之王"威廉·迈巴赫

图 2-6 迈巴赫和戴姆勒研制的"老爷钟"
发动机（1885 年）

威廉·迈巴赫与戴姆勒把发动机装在马车上的想法不同，他把目光转向了扶把式四轮自行车，他认为这会是未来汽车中令人信服的机械结构。他设想的第一个产物是一辆钢轮汽车——最先取名叫"四方自行车"，如图 2-7 所示。这辆"齿轮传动钢轮汽车"出现在了 1889 年的巴黎世界博览会上，用户的广泛好评是对这项技术的最好验证，并催生了法国的汽车工业。

图 2-7 迈巴赫钢轮汽车——"四方自行车"（1889 年）

1891 年 2 月 11 日，作为总工程师的迈巴赫离开了戴姆勒发动机有限公司（DMG）。

1895 年 11 月 8 日，威廉·迈巴赫重新被任命为 DMG 的技术主管。他取得了一项又一项科技成就，如第一台四缸发动机（1890 年）、V 形双缸发动机（1892 年）、喷嘴化油器

（1893 年）、蜂窝状管式冷却器（1897 年）等。

在威廉·迈巴赫所有的设计中，最为杰出的一项就是 1900 年在 DMG 设计的第一辆以"梅赛德斯"（Mercedes）命名的"35PS"汽车，如图 2-8 所示。虽然该车功率只有 26kW（35 马力），时速不过 16km，但它却有现代轿车的基本特征——流线型车身、蜂窝状散热器、齿轮换档系统和尺寸一致的车轮。这辆车在 1901 年 3 月 25 日的尼斯车赛上引起了不小的轰动。

图 2-8　第一辆以"梅赛德斯"
（Mercedes）命名的汽车"35PS"（1900 年）

1907 年 4 月 1 日，威廉·迈巴赫最终离开了 DMG。1909 年 3 月 23 日，他在毕辛根建立了飞行器发动机制造公司。1918 年 5 月 16 日，迈巴赫的飞行器发动机制造公司更名为迈巴赫发动机公司，并决定自行制造轿车。

1921 年，迈巴赫 W3 轿车在柏林车展上首次亮相。难舍汽车梦想的威廉·迈巴赫再次缔造了汽车史的另一传奇品牌迈巴赫——一个象征着完美和昂贵的轿车。威廉·迈巴赫也因此再次声名鹊起。

1929 年 12 月 29 日，威廉·迈巴赫在堪施塔特逝世，享年 83 岁，结束了他的一生。

四、尼古拉斯·奥托：四冲程内燃机的推广者

尼古拉斯·奥托（Nicolas Otto，1832—1891）（见图 2-9）是德国近代著名机械工程师，四冲程内燃机的推广者。奥托以"内燃机奠基人"载入了史册，成为对人类现代生活影响巨大的人。

1832 年 6 月 10 日，奥托出生在德国霍兹豪森镇，他的父亲菲利浦是一名邮递员。

奥托的父亲因积劳成疾而病倒，家庭的重担一下子落在了作为长子的奥托的肩上。他不得不中断学业，只身前往经济繁荣的科隆，在那里的一个小工匠铺安下身来，赚些钱养家糊口，而且一干就是 10 年。

在科隆的日子里，他并未因繁忙的工作而放弃对书本的学习。他白天努力地工作，晚上则躲在被窝里看有关机械方面的书籍。时间久了，他对于机械制造方面的基础知识，有了较多的认识和了解，这也更加坚定了他儿时的兴趣。

1854 年，一条被炒得沸沸扬扬的对蒸汽机的批评文章引起了他的注意。奥托对蒸汽机

的改造产生了浓厚的兴趣，他立志要发明一种可以取代老式蒸汽机的新型动力设备。

1859 年，法国工程师埃特安·勒诺瓦制造了一台以煤气为燃料的内燃机。这种新型煤气内燃机造型小巧，比起老式的蒸汽机，它的使用方法简单而安全，但美中不足的是，由于没有在内燃机的气缸内对空气进行必要的压缩，所以它的热效率并不高。

终于，奥托在 1866 年成功地制造出在动力史上有划时代意义的四冲程活塞式发动机。该发动机的活塞上装有一根长长的方形断面的活塞杆，一面带齿条，与主轴上的齿轮相结合，齿轮内有一个棘轮，就像自行车的飞轮一样；混合气进入气缸，接着点火，爆发力将活塞推至上端，缸内气压急剧下降，在上方的大气压力作用下，活塞下降，发动机转速为80～100r/min，如图 2-10 所示。

图 2-9　尼古拉斯·奥托　　　　图 2-10　奥托活塞式四冲程发动机

奥托活塞式四冲程发动机性能可靠，热效率高，运行噪声小，在燃料消耗等许多方面都要比勒诺瓦内燃机好出许多。可以说，奥托的发动机具有非常实用的价值。

1867 年 5 月，奥托的活塞式四冲程发动机在巴黎的世界博览会上获得了金奖。

如果说奥托以他的内燃机掀开了人类动力工程史上新的一页的话，那么随后他将内燃机产业化的努力，则为这一页书写了更多更精彩的内容。

1872 年，为了扩大内燃机的生产，奥托又在产业化的道路上迈进一步，在奥托商会的基础上成立了世界上第一家发动机制造厂——道依茨燃气发动机股份公司，并就任首任经理。

奥托又于 1876 年制成了第一台实用的四冲程发动机，这是一台单缸卧式、2.95kW（4马力）、等容燃烧的煤气机，压缩比约为2.5，采用活塞曲柄连杆机构，热效率高达12%～14%，是勒诺瓦发动机的4倍；转速高达250r/min，如图 2-11 所示。不久，这种发动机就冠以发明人的名字，被称作奥托机而闻名于世。

1877 年 8 月 4 日，奥托在德国取得了四冲程发动机专利——德意志帝国专利第 532 号。

1878 年，在巴黎举办的世界博览会上，奥托的发动机得到了极高的评价，获得了公认的金奖。人们真实地感到一个动力新时代的来临！后来，人们一直将四冲程循环称为奥托循环。正是根据奥托循环的原理，后来制成了汽油机和柴油机。

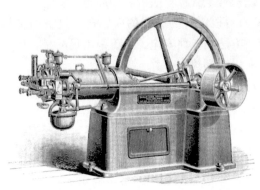

图2-11　奥托等容燃烧四冲程煤气机

　　奥托的努力为他赢得了许多的荣誉。柏林大学为了表彰他在内燃机研制方面的突出贡献，授予他荣誉工程学博士学位。1886年，德国法院做出了一项惊人的宣布：取消奥托获得的四冲程发动机的专利。

　　1891年1月26日，奥托因突发性心脏病在德国科隆去世，享年59岁。热爱奥托的科隆市民为他举行了隆重的葬礼。1931年，奥托发动机纪念碑落成（见图2-12）。

图2-12　1931年落成的奥托发动机纪念碑

第二节　著名汽车公司创始人

　　发明创造的产生及其产业化，是科技对人类社会发挥重要作用的两个方面。在人类历史上，这两个方面却很少有人能够靠个人来完成。所有历史上最好的产品，不仅仅凝集着人们的心血和智慧，而且还凝集着那个时代的梦想。

　　在汽车工业发展史上，曾产生过无数的著名公司，有着无数颗闪亮的巨星，他们在汽车界展露的睿智与远见，却似天际的星光，永远闪烁着启迪者的光辉。

一、亨利·福特：汽车大王

福特汽车公司的创始人亨利·福特（见图1-42）被誉为"汽车大王"。

亨利·福特于1863年7月30日出生于密歇根迪尔伯恩的格林菲尔镇（Greenfield Township）。

亨利·福特自小就对机械充满了浓厚的兴趣。1879年，16岁的他独自一人到位于底特律的密歇根机械制造公司当学徒。后来，他又先后从事过机械修理、船用发动机修理、机电修理、蒸汽机修理等工作，并且还一边工作一边参加夜校学习。

1891年亨利·福特成为爱迪生电气公司的一个工程师。

1893年圣诞节，亨利·福特利用业余时间，试验成功了汽油机，这给了他极大的鼓舞，他决心再接再厉，研制出自己的"不用马拉的马车"。

1896年6月4日，亨利·福特的第一辆汽车研制成功，如图2-13所示。从此，福特一有闲暇就钻进自己那间小作坊忙个不停，不久又造出了第二辆试验汽车。

1899年，亨利·福特又成功地制作出了3辆汽车，他因此而在当地被公认是这一领域的杰出人物。

1899年8月5日，底特律汽车公司正式成立，亨利·福特任制造部经理兼总工程师。然而，公司仅制造了20辆汽车，在1901年1月就停产了。

1901年11月30日，在几位投资人的支持下，亨利·福特又成立了亨利·福特公司（Henry Ford Company），亨利·福特担任经理。可是，亨利·福特第二次办汽车厂也以失败告终。

1903年6月16日，亨利·福特合资的福特汽车公司（Ford Motor Company）在底特律的一间由货车车间改造而成的窄小工厂中宣告成立。福特汽车厂第一年生产汽车658辆。一年后，公司赢利9.8万美元，还开发了B、C和F三种不同档次的车型。1906年，亨利·福特成为公司总裁。

此前，汽车属于有钱人的玩具。但是，生产一种既简单又坚固耐用，而且人人都消费得起的汽车是亨利·福特的梦想。这辆梦想之车就是福特T型车（见图2-14）。

图2-13 亨利·福特的第一辆汽车研制成功

图2-14 福特T型车

　　T型车于1908年10月1日步入历史舞台，亨利·福特称之为"万能车"。T型车成为低价、可靠运输工具的象征，在当时是最为著名的汽车，每辆850美元的售价，赢得了千千万万美国人的心，如图2-15所示。

　　在亨利·福特的倡导下，1913年10月7日，福特汽车制造厂出现了世界上首条汽车生产流水线；1913年12月1日，流水线正式开始运行，如图2-16所示。福特汽车流水线第一次使汽车能够大批量、标准化生产，并以一般人购买得起的较低价出售。从此，T型车把汽车从贵族及有钱人的专利品变成大众化商品，汽车开始成为常见的交通工具。

图2-15　具有划时代意义的福特T型车早期全部是黑色车身

图2-16　福特汽车生产线

　　可以说，从T型系列汽车开始，人类才算真正跨进了汽车时代，汽车才开始真正进入家庭。因此，福特汽车公司被誉为汽车现代化的先驱，亨利·福特也被称之为"汽车大王"。

二、威廉·杜兰特：汽车天才

　　威廉·杜兰特（William Durant，1861—1947）（见图2-17）是世界汽车发展史上的一位传奇式人物，他创建了著名的通用汽车公司（General Motors Corporation，简称GM）。

　　1861年12月8日，杜兰特生于美国马萨诸塞州波士顿市。杜兰特17岁中学毕业后开始辍学，辗转流浪，干过自来水收费员、电力公司收费员、火灾保险代理员等多种工作。

　　1900年，杜兰特在密歇根州弗林特合作成立了杜兰特-杜迪马车制造厂。由于材质佳、造型美，特别是杜兰特善于推销，马车厂的业绩突飞猛进，成了马车时代有名的大厂，资产从2000美元上升到1903年的200万美元。

　　1904年9月4日，杜兰特遇见了一位医生朋友，当时他驾着一辆别克汽车，就问杜兰特是否想试坐一下这辆别克汽车，如图2-18所示。杜兰特对于汽车并没有特殊的偏好，可是当他漫不经心地坐进尚处于实

图2-17　通用汽车公司创始人威廉·杜兰特

验中的别克汽车里兜了一圈之后，一切都改变了。他以一个商人的敏锐心思察觉到：别克汽车的巨大潜力将无法估量，汽车代替马车的时代即将到来。因此，杜兰特决定投资陷于困境的别克汽车公司 32.5 万美元（当时别克公司的资本仅50 万美元），并于 1904 年 11 月 1 日就任别克汽车公司的董事长。

图 2-18　威廉·杜兰特试坐别克汽车

1908 年 9 月 16 日，杜兰特以别克汽车公司为基础，在弗林特联合组建了早期的通用汽车公司。为了在汽车市场上占据重要地位，杜兰特认为应该把当时的一些产销汽车及汽车零配件的厂商合并起来，组成一个大的汽车公司。于是，他采用股票调换股票的办法，把 22 家公司合并起来了。在以后的两年中，杜兰特又先后网罗了 30 个公司加入通用，其中有奥兹（Olds）、凯迪拉克（Cadillac）、奥克兰（Oakland，后来成为庞蒂克 Pontiac）、斯图尔特（Stewart）车身厂、GMC 载货汽车公司等。

1910 年 9 月，经营困难的通用汽车公司董事会授权向财团公司举债 1500 万美元，并宣布 11 名董事退休，杜兰特也被迫辞去总经理职务。通用汽车公司第一阶段的历史，便以杜兰特的失败宣告结束了。

1911 年 11 月 3 日，杜兰特和原别克公司的赛车手路易斯·雪佛兰（Louis Chevrolet，1878—1941）等人成立了雪佛兰汽车公司。在这家新成立的公司，他与合伙人一起励精图治，致力制造比赛用车或改装高性能跑车，颇负盛名，取得了辉煌的经营成就。

雪佛兰汽车公司给杜兰特带来了大量的利润，再加上美国化工大王杜邦家族也给他以巨大的财政支持，到 1916 年 6 月，杜兰特秘密地买下了通用的大部分股权，把通用公司从银行家的控制下夺了过来，变成了雪佛兰汽车公司的子公司。不久后的 1916 年 10 月 13 日，杜兰特在特拉华成立了新的通用汽车公司。他用新通用汽车公司的股票调换原通用公司的股票，取得了原公司的全部股权。1917 年 8 月 1 日，"新通用"完全取代了"老通用"，原通用公司宣布解散，杜兰特重新执掌通用汽车，如图 2-19 所示。

图 2-19　威廉·杜兰特重新执掌通用汽车

1920 年，通用汽车公司遇到了严重的危机，创始人及其董事长和总裁杜兰特陷入了一蹶不振的境地，杜兰特被迫再次辞职，从万人仰止的宝座上重重地跌了下来。1920 年 11 月 30 日，杜兰特便永久地离开了通用汽车公司。

1921 年，杜兰特又建立了自己的公司——杜兰特汽车公司（Durant Motors）。先后生产过杜兰特（Durant）、星（Star，又叫橄榄球 Rugby）、弗林特（Flint）、鹰（Eagle）等品牌的汽车。由于经营不善，加之当时美国经济萧条，结果汽车在 1929 年停产，公司于 1933 年破产。

1947 年 3 月 18 日，威廉·杜兰特静静地离开了人间。

三、沃特尔·克莱斯勒：汽车大亨

沃特尔·克莱斯勒（Walter Chrysler，1875—1940）（见图 2-20），克莱斯勒汽车公司的创始人。

1875 年 4 月 2 日，克莱斯勒生于堪萨斯州的沃米戈，他的父亲是堪萨斯州太平洋铁路（后来的美国联邦太平洋铁路）的一名火车机车工程师，他从父亲那里继承了对机械的兴趣。离开学校之后，克莱斯勒成为美国联邦太平洋铁路在伊里斯的一名机械工学徒。

克莱斯勒凭借他的机械天才，迅速地得到晋升，他相继成为工长、总工长、主任技师，33 岁时成为芝加哥大西部（Great Western）铁路公司动力总监。

1908 年，他在芝加哥参加了一个汽车展览会。他对陈列的各种类型的汽车兴趣盎然、流连忘返，简直到了"走火入魔"的地步。自此，克莱斯勒对汽车行业产生了强烈的兴趣。

1912 年，他通过努力，成为通用汽车公司旗下别克分部生产经理。很快，别克汽车的日生产量从 20 辆快速增加到 550 辆。克莱斯勒凭借着天才的经营才能把别克车系做成了通用汽车公司旗下最大的"钱袋"。后来，由于他和通用汽车公司的董事长杜兰特意见不合，处于辉煌时期的克莱斯勒于 1920 年 3 月 25 日毅然离开了通用汽车公司。

1924 年，克莱斯勒应邀接手管理马克斯维尔汽车公司。这家公司虽然当时濒临破产，但是克莱斯勒对这家公司的东山再起充满信心。很快，精心研制的克莱斯勒 6 型汽车诞生了（见图 2-21），一经推出即广受消费者的欢迎，第一年就卖出 3.2 万辆，成为当时美国畅销车。克莱斯勒交出的优秀答卷引起了马克斯维尔汽车公司的债权银行的关注，债权银行希望克莱斯勒接管马克斯维尔汽车公司。在债权银行的帮助下，克莱斯勒彻底改组并买断了马克斯维尔公司，1925 年 6 月 6 日，马克斯维尔汽车公司更名——克莱斯勒汽车公司诞生。

图 2-20 "汽车大亨"沃特尔·克莱斯勒

图 2-21 克莱斯勒第一款车克莱斯勒 6 型汽车

在克莱斯勒的领导下，克莱斯勒汽车公司多项领先世界的技术应运而生，这些技术对世界汽车的发展产生了重要的作用。为此，克莱斯勒也被美国汽车界尊为"汽车大亨"。1928年，克莱斯勒被美国《时代》周刊评选为"年度风云人物"。

1935年7月22日，克莱斯勒在过完60周岁生日后，辞掉了公司总经理职务改任董事长，直至1940年8月18日在纽约去世。

四、亨利·利兰：美国豪华轿车之父

亨利·利兰（Henry Leland，1843—1932）（见图2-22），凯迪拉克汽车公司、林肯汽车公司的创始人，美国工业革命和汽车工业著名人物。他被称为"美国汽车精细生产大师""美国豪华轿车之父"。

1843年2月16日，利兰出生在美国佛蒙特州贝尔登市一个机械师家里。美国南北战争爆发时，利兰参加了林肯中队，但因年纪小未正式入伍，被派往波士顿的斯普林菲尔德军需库任军械员，他在这里第一次接触到精密机械，在很大程度上决定了他以后的命运。战后，利兰在底特律一家著名的军械厂工作。这样，利兰不仅积累了丰富的经验，也积累了足够的资金。

后来，利兰在底特律开设了自己的公司，主要生产各种机械设备、齿轮切削机床及工具。1901年，利兰开始生产发动机。

恰巧在这时，亨利·福特离开了他与其他投资人创办的福特汽车公司。该公司的投资人聘请利兰主持汽车生产，利兰说服投资人继续经营下去，利用利兰公司的发动机继续生产汽车，并将福特汽车公司更名为凯迪拉克汽车公司，如图2-23所示，专门生产豪华轿车。

图2-22 美国豪华轿车之父
亨利·利兰

图2-23 亨利·利兰（左）在凯迪拉克
公司办公室内工作

仅仅几个月时间，最初的凯迪拉克A型汽车就在1903年1月纽约车展中露面了，如图2-24所示。该车型于1903年开始批量生产，仅一年之内就生产了1875辆。很快，利兰公司与凯迪拉克汽车公司合并。

1905年，利兰出任凯迪拉克汽车公司的总经理。利兰非常重视加工精度、制造质量和零部件的互换性，并且认为这是迅速发展汽车的关键。在这种思想指导下，1906年凯迪拉克在底特律的工厂已成为当时世界上最大、最完善和装备最好的汽车厂之一，生产出来的汽车也被认为是最好的。凯迪拉克开始为那些比较富裕的人们像电影明星们生产显示他们身份

的汽车，凯迪拉克开始了它的成长。利兰这时已是美国汽车界德高望重的人，都称他为底特律的"教父"。利兰本人一直乘坐一辆高驾驶室车型，因这辆车外形极富特点，高高在上，故被人们称为"老爷车"，如图 2-25 所示。

图 2-24　凯迪拉克 A 型车　　　　　　图 2-25　亨利·利兰与他的"老爷车"

1908 年，凯迪拉克由于成功实现标准化生产，成为第一家被伦敦皇家汽车俱乐部授予杜尔奖的美国汽车公司，并有了"世界标准"的美誉，凯迪拉克从此名声大振。在这以前，汽车零部件全部是通过手工装配和调整，没有互换性。凯迪拉克汽车第一次成为可互换零部件的车辆：3 辆汽车彻底被分解，零部件打乱后被交换并组装到一起，经过 800km 行驶试验后，最终获杜尔奖，如图 2-26 所示。

1909 年 7 月 29 日，通用汽车公司终于用 596.92 万美元购得了凯迪拉克汽车公司，通用汽车公司总裁杜兰特继续委任利兰管理该公司。

1912 年，凯迪拉克汽车公司以第一家在汽车上装备电子起动、照明和点火装置而再次获得杜尔奖。

第一次世界大战爆发时，利兰组织起凯迪拉克汽车公司最出色的工程师，成立了一家生产飞机发动机的新公司，但遭到通用总裁杜兰特的反对。一气之下，利兰离开了凯迪拉克汽车公司，于 1917 年 8 月另组建林肯汽车公司，生产飞机发动机。

战争结束后，利兰决定生产汽车。1920 年，第一辆林肯 L 型汽车问世，如图 2-27 所示。1922 年 2 月 4 日，福特汽车公司以 800 万美元收购了林肯汽车公司。

图 2-26　杜尔奖奖杯　　　　　　　　图 2-27　第一辆林肯 L 型汽车

1932 年 3 月 26 日，亨利·利兰在美国汽车城底特律逝世。

五、奥古斯特·霍希：奥迪之父

奥古斯特·霍希（August Horch，1868—1951）（见图 2-28），德国汽车工业重要先驱者之一，被称为"奥迪之父"。

1868 年 10 月 12 日，霍希出生于莱茵普鲁士的一个铁匠之家。后来，霍希毕业于萨克森州米特韦达技术学院，第一份工作是在造船厂担任技术人员。

1896 年，霍希进入了鼎鼎大名的奔驰汽车公司。3 年后，他辞去了在奔驰汽车公司担任的车辆制造部经理之职，迈出了实现梦想的第一步，于 1899 年 11 月 14 日，在莱茵河畔的科隆创办了自己的公司——霍希公司，从事汽车修理。从 1901 年起，霍希公司开始生产汽车，如图 2-29 所示。

图 2-28 "奥迪之父"奥古斯特·霍希　　　　　图 2-29 霍希公司最早生产的汽车

1904 年 5 月 10 日，霍希汽车公司在萨克森州茨维考正式成立。

1909 年 6 月，一次发动机试验的失败，导致了霍希和霍希汽车公司其他投资者的激烈争吵，生性桀骜的霍希一气之下离开了以他名字命名的公司。

一个月后的 1909 年 7 月 16 日，又一家奥古斯特·霍希汽车公司居然在原来的霍希汽车公司马路对面开张了。这当然是霍希本人另起的炉灶。为了避开侵权的麻烦，1910 年 4 月 25 日，奥古斯特·霍希汽车公司正式改名为奥迪汽车公司。1911 年，奥迪品牌的第一辆车 Audi A 问世，如图 2-30 所示。

1921 年，对技术本身有着狂热个人追求的霍希，与合伙人不欢而散，又离开了奥迪汽车公司。

1932 年 6 月 29 日，霍希、奥迪、DKW、漫游者 4 家汽车公司正式走到一起，新公司叫汽车联盟（Auto Union AG，即现在的奥迪公司前身）。奥古斯特·霍希被任命为汽车联盟监事会成员，并继续以专家的身份参与公司的技术开发工作，直到 1944 年。

1951 年 2 月 3 日，奥古斯特·霍希在巴伐利亚的明希贝格去世，享年 83 岁。

六、费迪南德·波尔舍：德国车坛教父

费迪南德·波尔舍（Ferdinand Porsche，1875—1951）（见图2-31），德国著名汽车设计师，保时捷汽车公司创始人，大众汽车公司创始人。

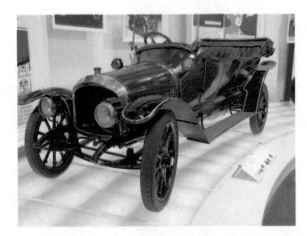

图2-30　奥迪品牌的第一辆车 Audi A

图2-31　"德国车坛教父"
费迪南德·波尔舍

1875年9月3日，波尔舍出生在奥匈帝国的玛特斯德弗，所以波尔舍一直拥有奥地利国籍。波尔舍是当地一位铁匠的儿子，成年后边帮父亲干活边学艺。然而，在19世纪末工程技术飞速发展的年代，年轻的波尔舍不甘心当一辈子铁匠，他到当地一家技校学习。不久，他就对家用电器和内燃机两门技术非常感兴趣。

1893，波尔舍只身到维也纳联合电气公司（现在瑞士 ABB 公司的前身）工作，时年18岁。由于工作中显露出的能力，他被破格送往维也纳工业大学半工半读，并在1897年担任了这家电力公司实验部门的经理；这时他开始接触到汽车，萌生设计电动汽车的想法。他认为电动汽车没有噪声，没有烟雾，是理想的交通工具。1897年，他独创出"直接驱动"结构，将电动机直接装在车轮上，以替代当时在汽车上普遍使用的链条传动，省去了传动机构，从而提高了传动效率。

波尔舍的这一杰作被奥匈帝国皇家马车厂洛纳公司看中，正巧洛纳公司也一直在研制电动汽车，只是受技术条件限制而未能成功。找上门的设计天才让洛纳公司欣喜若狂，立即聘用波尔舍为车辆设计师，当时波尔舍年仅23岁。1899年，第一辆波尔舍汽车——洛纳-波尔舍1号电动汽车诞生了，如图2-32所示。波尔舍将此车送到了1900年的巴黎博览会上展出，作为奥匈帝国唯一的参展汽车，在博览会上出尽风头，并获取大奖。

1905年，戴姆勒汽车公司在奥地利的分厂奥斯特-戴姆勒汽车公司力邀波尔舍，凭借非凡的设计天才，波尔舍只用一年的时间就升任公司的技术部长，并进入奥斯特-戴姆勒汽车公司董事会。

1917年，波尔舍获得维也纳科技大学名誉博士学位。从此，人们总是叫他"波尔舍博士"。

1923年4月30日，戴姆勒汽车公司将波尔舍调往德国总公司，委任为技术总监，并成为董事，如图2-33所示。波尔舍为戴姆勒汽车公司及合并后的戴姆勒-奔驰汽车公司设计了

不少传世之作，其中以 SS 及 SSK 两种车型最为出色，如图 2-34 所示。

图 2-32　洛纳-波尔舍 1 号电动汽车

图 2-33　担任戴姆勒汽车公司技术总监
的波尔舍

1929 年初，波尔舍离开戴姆勒-奔驰汽车公司，又回到奥地利，进入到维也纳的斯太尔汽车公司，当上了技术总监。然而好景不长，斯太尔汽车公司由于财务困难，经营难以维持，最后竟被先前的东家奥斯特-戴姆勒汽车公司吞并，波尔舍只得离开斯太尔汽车公司。

几次挫折使他明白了一个道理：要想实现自己的梦想，只能自己成立公司。于是，波尔舍回到斯图加特于 1930 年 12 月 16 日成立了一间设计室，名为"波尔舍博士设计室"。

图 2-34　波尔舍等人设计的梅赛德斯-奔驰 SSK
在汽车界成为传世之作

从 1935 年起，波尔舍带领设计小组开发设计大众轿车。1936 年 10 月 12 日，3 辆大众"甲壳虫"原型车开发成功，并通过了技术鉴定。1938 年，大众汽车公司建立，波尔舍出任总经理。波尔舍的"平民车"愿望终于变成了现实。从此，德国的工业历史和经济发展，伴随着"甲壳虫"的时代翻开了崭新的一页，如图 2-35 所示。

1947 年，波尔舍与总工程师卡尔·瑞伯（Karl Rabe，1895—1968）及儿子费利·波尔舍（Ferry Porsche，1909—1998）共同领导一个汽车开发项目：制造一辆装备中置发动机、采用大众汽车零部件的双座汽车。1948 年 6 月 8 日，首辆注册"保时捷"（Porsche）品牌的跑车"356"终于在奥地利的格蒙镇问世了。这辆保时捷汽车，奠定了波尔舍"德国车坛教父"的不朽之名，如图 2-36 所示。

1950 年，保时捷公司迁回斯图加特，接着用租来的车身制造厂房建立了生产车间，由此保时捷成为一家独立的汽车生产厂。

图 2-35 波尔舍与大众甲壳虫汽车

图 2-36 波尔舍父子与总工程师卡尔·瑞伯（从右至左）设计制造的
首辆"保时捷"跑车"356"

1951 年 1 月 30 日，一生嗜车如命而又饱尝创业艰辛的费迪南德·波尔舍因病去世，享年 76 岁。

七、恩佐·法拉利：赛车之父

恩佐·法拉利（Enzo Ferrari，1898—1988）（见图 2-37），"赛车之父"、法拉利汽车公司创始人。

1898 年 2 月 18 日，法拉利生于意大利北部的莫德纳，他的父亲不仅是一个技艺超群的铁匠，而且还是一个如醉如痴的赛车迷。

1916 年，由于父母双亲因病去世而迫使法拉利辍学离开了莫德纳的技术学院，在博洛尼亚的消防队找到了一份工作，开始赚钱养活自己。第一次世界大战爆发，19 岁的法拉利入伍，他被分配到了第三高山炮兵部队，负责在后方为战马钉马掌。1918 年，法拉利患重度流感，被送回家。退伍的他转往米兰的国家机械施工公司从事赛车手兼试车手的工作。1919 年，法拉利在帕尔马-波吉奥-毕尔索山地车比赛中进行了他的首次亮相，排名第四。同年的 11 月 23 日，他还参加了塔格·佛罗热大赛，如图 2-38 所示。

图 2-37 "赛车之父"恩佐·法拉利

图 2-38 恩佐·法拉利首次晋级参加
塔格·佛罗热越野大赛

1920 年，小有名气的法拉利加入了阿尔法-罗密欧汽车公司，成为公司赛车手。1929 年 12 月 1 日，法拉利在故乡莫德纳创立"飞毛腿"赛车队（Scuderia Ferrari），其最初的目的是组织赛车成员，代表阿尔法-罗密欧汽车公司从事赛车运动。法拉利的管理才能开始展露，车队取得了一连串的胜利。他的车队参加了 39 场大奖赛，获得了 11 场冠军。法拉利为阿尔法-罗密欧荣登世界赛车多项头把交椅立下了汗马功劳。

1947 年 5 月 11 日，法拉利开始以自己的名字命名生产汽车，第一辆超一流的跑车法拉利 Tipo 125 诞生，如图 2-39 所示。从此，法拉利的事业就更无法同那惊心动魄的汽车大赛分离了。

图 2-39 法拉利品牌的第一辆跑车
Tipo 125

图 2-40 老年仍坚持工作的
恩佐·法拉利

1988 年 8 月 14 日，90 岁高龄的法拉利（见图 2-40）与世长辞。他留给后人的是那不朽的事业和艺术品一般的法拉利汽车。

八、埃多尔·布加迪：艺术与技术相结合的汽车大师

1881 年 9 月 15 日，埃多尔·布加迪（Ettore Bugatti，1881—1947）（见图 2-41）在意大利的米兰市出生。布加迪是家里的长子，其父亲是一位出色的雕刻家，也是他的启蒙老师。

后来，他进入米兰的布雷拉美术学院学习雕塑。在学习过程中，他渐渐感到自己对机械有更为浓厚的兴趣，于是毅然离开了美术学院，18岁的他便进入普里内蒂-斯图基自行车和三轮车厂当了一名机械工，很快学会了加工制造机械零部件，这为他日后从事汽车设计打下了基础。

当汽车逐渐兴起时，埃多尔·布加迪迷上了汽车，并把艺术与技术自然而然地糅合在一起。1901年，他设计制造出第一辆四轮汽车，动力系统配备了的是戴狄安发动机，功率为9kW（12马力），在米兰国际博览会中获奖，如图2-42所示。

图2-41　艺术与技术相结合
的汽车大师埃多尔·布加迪

图2-42　布加迪设计的第一辆四轮汽车

1902年，他们全家迁居到阿尔萨斯，他作为自由设计师为用户设计汽车。布加迪肯动脑筋，勤于思索。正因为他有独立的设计主张——设计汽车就是创作艺术，因此设计的汽车具有独特的艺术风格，深受人们的喜爱。

1907年9月1日，他与德国科隆的道依茨燃气发动机厂签约，被任命为生产总监。在位于科隆莫尔斯海姆的房子的地下室里，布加迪研制出了一款质量很轻的车型。1908年，布加迪在道依茨燃气发动机厂设计生产了布加迪8型（Bugatti Type 8）汽车，但当时的车标还使用的是道依茨标志。1909年，在获得了一笔补偿费后他提前从道依茨燃气发动机厂离职。

1910年1月1日，28岁的他在当时属于德国的阿尔萨斯莫尔斯海姆租下一家停产的印染厂，建立起自己的汽车公司，专门生产赛车和高级轿车。当年，在布加迪家的地下室里生产出了第一辆布加迪10型汽车，发动机为直列四缸、排量为1.2L。1910年，布加迪汽车在巴黎汽车展上获得了极大的成功，从而奠定了布加迪汽车的风格，即一流的技术、精湛的加工工艺、突出外形设计上的艺术美感。他的工作方法是从创意到设计、制造到试验一抓到底，如图2-43和图2-44所示。

布加迪设计的汽车技术超群，造型华美，很快成为贵族、皇室的争购对象。布加迪特有的门型散热器护栅，为它开启了通往名车世界的大门。

1947年8月21日，在法国巴黎，享年66岁的布加迪与世长辞。

图 2-43 第一辆布加迪 10 型汽车

图 2-44 布加迪称之为"宝贝"的布加迪
Type 13 是第一批正式产品

九、沃尔特·宾利[注]：天才的汽车设计师和工程师

1888 年 9 月 16 日，沃尔特·宾利（Walter Bentley，1888—1971）（见图 2-45）出生在伦敦的汉普斯特德。1905 年，16 岁的宾利骑上他的自行车到位于英格兰北部杜卡斯特的大北铁路机车厂工作。通过在工厂丰富的实践机会和在伦敦大学国王学院的机械理论学习，他对机械原理有了较透彻的理解，也形成了自己的思路。

1912 年，宾利和他弟弟霍里斯·米尔纳在伦敦成立了宾利兄弟公司，成为法国多特-弗拉垂-帕拉迪（简称 DFP）运动轿车的英国代理商。同时，宾利开始改装汽车。1912 年，在布鲁克林举行的 2L 级别轿车、封闭赛道 10 圈的比赛中，他改装的 DFP 运动轿车速度达到了 110km/h，如图 2-46 所示。

图 2-45 沃尔特·宾利

图 2-46 宾利驾驶自己改装的 DFP 赛车（1912 年）

第一次世界大战，宾利加入皇家海军军机服务队，他研制的新型铝制活塞设计，允许有更高的压缩比和较高的发动机转速，被广泛用于航空发动机领域，他获得 8000 英镑奖金。战争结束后，宾利对赛车的兴趣一发不可收拾，开始专注于自己设计的赛车和发动机，他的

注：宾利（Bentley）以前多译为本特利。

梦想是造一辆"最好的车、最快的车、最高级的车"。就在 1919 年，他便用这笔奖金把宾利兄弟公司扩充为宾利汽车有限公司。

1921 年正式量产车型宾利 3L 车款问世，整体性能颇受好评，如图 2-47 所示。宾利亲自驾驶自己设计制造的赛车参加了 1923 年的勒芒 24 小时耐力赛，取得了第四名的好成绩。1924 年宾利推出一款短底盘跑车，这是一辆令人生畏而又激动人心的跑车，夺下了勒芒 24 小时耐力赛冠军。此后的 1927—1930 年，宾利赛车连续 4 次夺得勒芒 24 小时耐力赛冠军，如图 2-48 所示。

图 2-47 宾利正式量产车型 3L

图 2-48 宾利 3L 获勒芒 24 小时耐力赛冠军后，
沃尔特·宾利（中）与车手合影

1931 年 7 月 10 日，宾利汽车有限公司最终破产倒闭。劳斯莱斯汽车公司于 1931 年 11 月 20 日乘机将其买下，使其成为一个专门生产高级跑车的分部。沃尔特·宾利担任该厂的技术顾问直至 1935 年。

1935 年 4 月，沃尔特·宾利转入拉贡达汽车公司任工程师。1948 年以后，他又到主要研制生产跑车的公司阿斯顿·马丁、阿姆斯特朗·西德利和希利公司任职直到退休。

1971 年 8 月 13 日，宾利去世。

十、丰田喜一郎：日本大批量汽车生产之父

丰田喜一郎（Kiichiro Toyoda，1894—1952）（见图 2-49）于 1894 年 6 月 11 日出生在静冈县敷知郡吉津村，其父亲丰田佐吉（Sakichi Toyoda，1867—1930）是日本有名的"纺织机大王"。

1920 年，丰田喜一郎从东京帝国大学（Tokyo Imperial University，现东京大学）工学系机械专业毕业后，来到父亲的丰田纺织株式会社当了一名机械师。

1929 年底，为了将自动 G 型纺织机专利卖给当时势力强大的普拉特兄弟公司，丰田佐吉派丰田喜一郎前往英国全权代表自己签订契约。在国外，他除了完成父亲嘱托的任务以外，还花费了 4 个月的时间体验了英国的汽车交通，走访了英国和美国的汽车生产企业，弄清了欧美国家的汽车生产状况。这次国外之旅给他留下了极为深刻的印象，坚定了他发展汽车事业的

图 2-49 丰田喜一郎

决心。

1930年10月30日，丰田佐吉去世。临终前，丰田佐吉将儿子叫到眼前，给他留下了作为父亲的最后一句话："我搞织布机，你搞汽车。"他还亲手将转让织布机专利给普拉特兄弟公司所获得的10万英镑专利费交给儿子，作为汽车研究启动经费。

丰田佐吉去世以后，公司总裁的职位由丰田喜一郎的妹夫（丰田佐吉的上门女婿）丰田利三郎（Risaburo Toyoda，1884—1952）担任。1932年，在丰田喜一郎的一再要求下，丰田利三郎才同意公司设立汽车部，并将一间仓库划作汽车研制的地点。

1933年9月，丰田喜一郎着手试制汽车发动机。同时，他托人从国外购回美国雪佛兰、福特和德国DKW汽车进行研究，拆卸分解，模仿制造。1935年8月，丰田喜一郎终于造出了首辆丰田G1型载货汽车。1936年5月，开始生产G1货车，如图2-50所示。

1936年6月，丰田公司自行设计生产了首款AA型轿车，如图2-51所示。

图2-50 首辆丰田G1型载货汽车

图2-51 首款丰田AA型轿车

1937年8月28日，汽车制造部门从纺织机厂独立出来——丰田汽车工业株式会社成立，地址在爱知县举田町，创业资金为1200万日元，拥有职员300人，丰田喜一郎就任副总经理，总经理则由丰田利三郎出任。后来，丰田汽车公司把这一天作为正式创立的纪念日。

1941年，丰田喜一郎出任丰田汽车公司总经理，丰田利三郎就任董事长。

1950年6月5日，因劳资纠纷关系，丰田喜一郎辞去丰田汽车公司总经理职务，就任汽车技术会会长。

丰田喜一郎颇有战略家的眼光，他自一开始组织汽车生产就注意到了从基础工业入手，着眼于整体素质的提高，使材料工业、机械制造、汽车零部件业与汽车工业同步发展，为汽车的大批量生产创造了必要的条件，因此日本人称他是"日本大批量汽车生产之父"。

1952年3月26日21点10分，丰田喜一郎因脑溢血不幸英年早逝。

十一、饶斌：中国汽车工业奠基人

饶斌（Rao Bin，1913—1987）于1913年3月3日生于吉林省吉林市，原名饶鸿熹，中国汽车工业的奠基人和开拓者，享有"中国汽车工业之父"的盛誉，如图2-52所示。

饶斌早年就读同济大学医学院。新中国成立后，历任中共松江（现黑龙江省）省委第一副书记、松江省人民政府副主席兼哈尔滨市市长、中共吉林省委常委兼长春第一汽车制造厂厂长、第一机械工业部副部长、国家经委副主任、第二汽车制造厂厂长、第一机械工业部部长、中国汽车工业公司董事长、中央顾问委员会委员等职务。

图 2-52 中国汽车工业奠基人饶斌

1951 年春，中央确定在长春兴建第一汽车制造厂。当时在东北计划委员会任副秘书长、兼任东北财经学院院长的饶斌，被一汽的建设热潮深深吸引，于是向东北局提出去一汽工作的申请。

1952 年 12 月 28 日，第一机械工业部任命饶斌为第一汽车制造厂厂长。

1953 年 7 月 15 日，第一汽车制造厂奠基典礼在长春市举行。

有全国人民的支援，壮志满腔的饶斌全身心投入到轰轰烈烈的建设热潮之中，为掌握汽车制造技术和建筑技术，他虚心向技术人员和有经验的老工人求教，严肃认真、一丝不苟的工作作风，使他成了懂汽车的领导干部。

1956 年 7 月 14 日，一汽总装线上开出由中国人自己制造的第一批解放牌载货汽车，结束了中国不能自己制造汽车的历史。

1959 年 12 月 6 日，中央决定调饶斌任第一机械工业部副部长兼汽车局局长。7 年间，一汽从无到有，并初步形成一个以载货汽车为主的现代化汽车制造和科研基地。1959 年生产汽车 16469 辆。建成后的一汽，是当时中国汽车工业第一座现代化的汽车工厂。

1964 年，饶斌迎来了他人生中又一次重大转折，筹建第二汽车制造厂（现东风汽车公司）的工作理所当然地落到了他的头上。他亲自踏勘、选择厂址，最后确定在湖北十堰。经过缜密思考，他提出用"聚宝"的办法建设第二汽车制造厂，即由全国的汽车和机械制造企业包建第二汽车制造厂各个分厂，形成系统的现代化汽车制造企业。

1967 年 4 月 1 日，第二汽车制造厂在湖北省十堰市举行了开工典礼。

1975 年 6 月，饶斌带领第二汽车制造厂工人克服重重困难，建成了东风 EQ240 2.5t 越野车生产基地并顺利投产。

1975 年 7 月 1 日，饶斌亲自开着第一辆 2.5t 东风载货汽车驶下生产线。

1979 年 1 月，饶斌调任第一机械工业部副部长兼汽车总局局长，离开了他奋斗 14 年的第二汽车制造厂。

改革开放之初，国门打开之后，时任机械工业部部长的饶斌（1981 年 3 月 6 日至 1982 年 5 月 4 日饶斌任部长，1982 年第一机械工业部改名为机械工业部）意识到中国汽车与国外的差距已经成为经济发展滞后的瓶颈。

饶斌是首个中外合资的倡导者和推动者。饶斌旗帜鲜明地支持上海的轿车项目，这不仅成就了上海汽车业的崛起，而且为中国轿车业的兴起开辟了希望之路。他认为发展轿车业是中国汽车工业又一次艰难的创业，也是一次思想观念的深层次转变。在他看来，轿车不仅会改变中国汽车业的命运，同时也会改变千万人的生活方式，还将改变中国。

饶斌在改革开放期间的最大贡献是敢于以上海桑塔纳项目作为探索中国轿车发展的

"试验田"，尽快在轿车国产化上探出路子，拿出经验，结出成果。这不仅显示了战略家的眼光，还有丰富的对行业发展的谋略，其启示意义在于通过国产化改造了零部件行业，为中国汽车工业的转型（从载货汽车生产为主转向以轿车生产为主）打下了扎实的基础，从而为中国汽车工业重心的战略转移提供了信心。

图 2-53　饶斌塑像安放在十堰市的东风青年广场

1984 年 7 月初，在上海召开了汽车零部件新产品起步工作会议，积极推进汽车生产的国产化率，饶斌在开幕会上作了动员报告，这是我国汽车零部件工业一次历史性重要会议。会上第一次提出零部件企业要为国外引进和合作的"五车一机"国产化服务（即上海大众桑塔纳、北京吉普、重型汽车奥地利斯太尔、南京依维柯、天津大发和美国康明斯发动机）；第一次提出为了搞好国产化工作，零部件企业自身也要引进国外的各种专业产品技术和进行重大的技术改造；第一次提出零部件企业的产品研发重点要从目前的载货汽车零部件转向轿车零部件；第一次提出重点零部件企业都要建设专业的产品研发中心和实验室，培养专业的技术和管理人才，提高产品质量，加强企业管理。

晚年的饶斌继续探索着中国汽车工业的腾飞之路，在他主持中国汽车工业公司工作期间，提出了汽车工业调整改组和发展规划方案，组织引进先进技术，加速产品转型，结束了汽车产品几十年一贯制的历史。1985 年，在中国汽车工业公司的反映和要求下，十二届四中全会的《中共中央关于制定国民经济和社会发展第七个五年计划的建议》中，第一次建议"要把汽车制造业作为重要的支柱产业"。

饶斌不仅是中国汽车工业的开拓者，而且是推动新时期汽车工业转型的引路人。尤其是在他的晚年，把主要精力都放在了桑塔纳轿车零部件国产化上了。这就是说，通过零部件国产化才能缩短与世界汽车的差距，由此才能抵达"汽车现代化"的彼岸，圆中国人的轿车梦。

1987 年 7 月 15 日，这一天是第一汽车制造厂厂庆的日子。74 岁的饶斌出现在主席台上，白发苍苍的他激动地讲道："汽车工业第一次创业是建第一汽车制造厂，这是从无到有的创业，结束了中国不能生产汽车的历史。第一汽车制造厂第二次创业就是完成换代改型这一历史任务，是从老到新、从落后到现代化的创业。迎接轿车的发展是第三次创业的基本内容，第三次创业我起不了作用，但我愿趴在地上，化作一座桥梁，让大家踩着我的身躯走过，齐心协力把轿车造出来，实现我们几代人的中国轿车梦。"说完此语，饶斌潸然泪下。

1987 年 7 月 30 日，饶斌来到上海汇众公司（原上海汽车底盘厂）视察桑塔纳国产化的情况。那是个炎热的夏天，高温中饶斌坚持视察，但当晚就病倒了。突如其来，饶斌甚至赶不及回到北京的家。

1987 年 8 月 29 日，饶斌病逝于上海。2013 年 10 月 25 日，饶斌塑像揭幕仪式在东风汽车公司诞生地十堰市举行，这尊塑像（见图 2-53）安放在十堰市的东风青年广场一侧，希望让更多人借此了解中国汽车工业走过的非同寻常的自强之路，并向第一代汽车人致以深深的敬意。

 技能训练与实践活动

1. 利用网络查找中国自主品牌（如奇瑞、吉利、比亚迪）汽车创始人的创业故事。
2. 组织参观汽车制造厂，了解汽车生产过程。
3. 组织参观汽车博物馆。
4. 讨论：从汽车名人故事中，我们得到了哪些启发？

第三章

汽车品牌与标志

第一节　德国汽车

德国是现代汽车的发祥地，是生产汽车历史最悠久的国家。

尼古拉斯·奥托生产的四冲程发动机，结束了历时200年寻找适用于道路车辆动力的艰难历程。

哥特利布·戴姆勒、威廉·迈巴赫研制出汽油机之后，当轻便的、便于携带的液体燃料的内燃机作为动力源出现时，交通格局又一次发生了巨变。

卡尔·本茨取得了汽车专利。在1900年前，奔驰汽车公司是世界上最大的汽车制造商。奔驰对于汽车总体发展产生了强有力的影响，全世界的汽车公司都在复制它的外形和技术，不仅引发了一轮世界汽车工业投资热潮，而且还促进了汽车产业的调整。

汽车的诱人前景使德国的汽车厂纷纷出现，一些其他行业的厂家也转向汽车生产。第一次世界大战前，德国汽车工业已基本形成一个独立的工业部门，汽车制造工人5万多人，年产量达2万辆，仅次于美国的汽车产量。

但是到了1920年代末，德国的汽车厂先后陷入了困境。1933年经济危机后，德国汽车工业在钟爱汽车的德国政府的多项措施（如降低汽车税费，生产面向大众的汽车，国家投资造赛车，改善公路，修建高速公路等）激励下获得加速发展，使德国迅速成为汽车强国。1950年代末，德国的汽车工业在技术上和经济上都达到了世界领先地位。

1966年德国汽车产量被日本超过，位居世界第三位，一直保持到2006年又被中国超过。

2018年，德国汽车产量为564.55万辆，仍居世界第四位。

目前，德国汽车公司主要有戴姆勒集团、大众集团和宝马集团等。

　　小贴士：德国汽车工业的特点：追求技术领先，生产和装配质量优良化，重视汽车的试验和研究；汽车总成和零部件生产高度专业化、集团化；相互竞争、相互促进，国际化能力突出；汽车质量和信誉高；著名品牌多，品牌号召力强。

　　德国汽车的特点：传统，沉静，深藏不露，工艺精细，造型严谨，线条挺拔有力，内在表现优良，耐用。

一、梅赛德斯-奔驰：质量、创新、魅力的领航人

1926 年 6 月 28 日，戴姆勒和本茨两位汽车先驱所开创的公司终于合并到一起，成为戴姆勒-奔驰汽车公司，所生产的汽车品牌也合并为梅赛德斯-奔驰（Mercedes-Benz）。

汽车上使用的新商标也综合了原来两家商标各自的风格，Benz 的月桂枝围绕着 Mercedes 的三叉星，"BENZ"的字样在下面，"MERCEDES"的字样在上面。该合并商标于 1926 年 8 月 21 日申请，1928 年 8 月 28 日得到批准，如图 3-1、图 3-2 和图 3-3 所示。

图 3-1 两家最古老的公司合并，自然也将商标合在一起（1926 年）

图 3-2 梅赛德斯-奔驰（Mercedes-Benz）"简化版"车标（1933 年）

图 3-3 梅赛德斯-奔驰车标的主要演变

月桂枝作为吉祥、成功、胜利、荣誉的象征，寓示公司在汽车领域独占鳌头，其产品独夺"桂冠"；三叉星表达了当年戴姆勒发动机在陆、海、空三个领域实现机动化的凤愿。

二、迈巴赫：财富、地位、品位的象征

1921 年，威廉·迈巴赫和儿子卡尔·迈巴赫（Carl Maybach，1879—1960）制造出第一辆豪华轿车迈巴赫。迈巴赫品牌一出世，就以一种极尽奢华的形象展现在世人面前，它以全手工制作、个性化十足、豪华、稀有而著称于世。

1961 年，迈巴赫品牌被戴姆勒-奔驰汽车公司收购。

2002 年 7 月，奔驰汽车公司恢复了迈巴赫品牌——一个象征着完美和高贵的传奇品牌。直至 2012 年 8 月停产，辛德芬根工厂生产的迈巴赫车型共计售出了约 3200 辆。

具有传奇色彩的迈巴赫品牌标志由两个交叉的 M，围绕在一个球面三角形里组成。以前两个 M 是 Maybach Motorenbau（迈巴赫汽车）的缩写，而现在两个 M 是 Maybach Manufaktur（迈巴赫制造）的缩写，如图 3-4 所示。

图 3-4　迈巴赫车标

2014 年 11 月 12 日，迈巴赫品牌正式被改为梅赛德斯-迈巴赫，即将梅赛德斯-奔驰品牌体系扩充为核心品牌梅赛德斯-奔驰、高性能车品牌梅赛德斯-AMG、顶级豪华专属品牌梅赛德斯-迈巴赫。

因此，作为子品牌的梅赛德斯-迈巴赫，其车标已改变为梅赛德斯-奔驰标志，另在车身侧部加有迈巴赫标志。

三、斯马特：都市生活的艺术

1994 年 4 月 27 日，戴姆勒-奔驰汽车公司与瑞士斯沃琪汽车公司合资组建了 Smart（斯马特，意为"精灵"）汽车公司，双方分别占有 81% 和 19% 的股份。合资公司生产的 Smart 牌微型轿车于 1998 年 10 月 2 日上市。

1998 年 10 月 31 日，斯沃琪汽车公司将所持的 19% 股权全部卖给了戴姆勒-奔驰汽车公司，"Smart"就成了戴姆勒-奔驰汽车公司的正宗成员。

Smart 中的 S 代表了斯沃琪（Swatch），M 代表了梅赛德斯-奔驰（Mercedes-Benz），而 Art 则是英文中"艺术"的意思，合起来可以理解为，这个品牌的汽车代表了斯沃琪和戴姆勒-奔驰汽车公司完美合作的艺术；而 Smart 车名本身在英文中也有聪明伶俐的意思，这也契合了 Smart 的设计理念。

斯马特车标由字母"C"和箭头组成，如图3-5所示。字母"C"代表Compact，意为紧凑设计、小型汽车；箭头表示超前的思想，寓意节能、环保、低碳的超前思维和生活方式。

图3-5　斯马特（Smart）车标

四、宝马：尊贵，年轻，活力，典雅

1913年，尼古拉斯·奥托的儿子古斯坦·奥托（Gustav Otto，1883—1926）与卡尔·瑞浦（Karl Friedrich Rapp，1882—1962）和马克斯·弗里兹（Max Friz，1883—1966）在德国慕尼黑北郊成立了瑞浦发动机公司，专门从事飞机发动机的制造。1916年3月7日，瑞浦发动机公司改名为巴伐利亚飞机公司（Bayerische Flugzeug Werke，缩写为BFW），这一天也就成了宝马公司的创始时间。1917年，BFW重组，于1917年7月21日登记注册为巴伐利亚发动机有限公司（Bayerische MotorenWerke GmbH）——BMW（宝马）的正式名称诞生。

宝马的总部在慕尼黑，是德国的巴伐利亚州州府，而巴伐利亚州的州旗是蓝白相间的，宝马的名字又是巴伐利亚发动机公司，因此宝马标志就代表了巴伐利亚，代表了德国最精湛的发动机技术，如图3-6和图3-7所示。

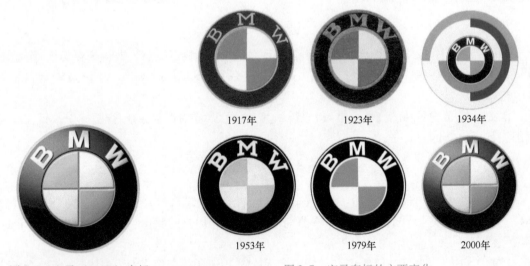

图3-6　宝马（BMW）车标　　　　　　　　图3-7　宝马车标的主要变化

五、大众：汽车价值标杆

1934年1月17日，费迪南德·波尔舍响应号召，向德国政府提交了一份设计一种新型的能为广大民众买得起的"大众汽车"建议书。

1937年5月28日，德国国民车筹备有限责任公司在柏林成立。波尔舍博士出任总经理。

1938 年 9 月 16 日，公司更名为大众汽车股份有限公司。

1939 年 8 月 15 日，大众汽车正式投产——第一批"甲壳虫"汽车问世。

大众汽车标志的设计元素上主要以人民大众（Volks）和汽车（Wagen）两个单词的首个字母 VW 组成，并把这两个字母上下排列后，放入圆环内。该标志于 1938 年 4 月注册，如图 3-8 和图 3-9 所示。

图 3-8　大众（Volkswagenwerk）车标的主要变化　　　　图 3-9　大众车标（2015 年版）

大众车标的图形也可看成是 3 个表示"胜利"的"V"字，寓示着该公司及其产品"必胜—必胜—必胜"。

六、奥迪：豪华，典雅，品位，完美

1899 年 11 月 14 日，在德国莱茵河畔的科隆，奥古斯特·霍希创办了自己的公司——霍希公司，从事汽车修理。从 1901 年起，霍希开始生产自己的汽车。1904 年 5 月 10 日，霍希汽车公司在萨克森州茨维考正式成立。

1909 年 7 月 16 日，霍希又创立了奥古斯特·霍希汽车公司。霍希不得不为新公司起一个全新的名称，而原来"Horch"为德文"倾听"的意思，而"倾听"的拉丁文则念作"Audi"（奥迪），这个名称是霍希同事的儿子在写拉丁文作业时，听到父亲与同事之间争论关于新公司名称的事，随口给霍希的建议，而霍希听到这个建议之后如获珍宝，于是就这样一个传奇的"奥迪"品牌诞生了。

1910 年 4 月 10 日起，奥古斯特·霍希汽车公司正式改名为奥迪汽车制造公司。

1932 年 6 月 29 日，漫游者（Wanderer）、霍希（Horch）、DKW 和奥迪（Audi）四家汽车公司联合，取名汽车联盟，如图 3-10 所示。

1964 年 10 月 23 日，汽车联盟又被转卖给大众汽车公司，成为大众汽车集团中的一员。1985 年 1 月 1 日，汽车联盟更名为奥迪汽车股份公司。

奥迪选择了象征四家公司紧密联合、公司之间平等互利、协作亲密、同舟共济和兄弟情谊的四连环图案作为公司的标志，如图 3-11 所示。四个圆环还彰显了奥迪品牌始终秉承的"突破科技，启迪未来"的品牌理念和"进取、尊贵、动感"的品牌价值。

图 3-10　汽车联盟（Auto Union）标志
（上部分为原来四家公司的标志）

图 3-11 奥迪（Audi）车标

从四个圆圈连接的奥迪标志仿佛看到：兄弟四人个个身手不凡，意志坚强，踏过重重险阻，朝着同一个方向，正手挽着手肩并着肩、雄赳赳气昂昂地向我们走来，团结就是力量，不断取得胜利。

七、保时捷：驾驭智慧，驰骋科技

保时捷（Porsche）品牌的创始人是费迪南德·波尔舍。通常，公司名和品牌名用保时捷，人名用波尔舍。

保时捷公司（Porsche AG）成立于 1930 年 12 月 16 日，1931 年 3 月 6 日开业，1931 年 4 月 25 日正式向德国符腾堡州首府斯图加特市政府注册登记。

保时捷于 2012 年 8 月 1 日起成为大众汽车集团成员。

保时捷标志图案采用的是公司所在地斯图加特市的徽章和魏玛时代符腾堡王国（现在的巴符州——保时捷的发源地）的徽章相结合，将鹿角元素进行风格化转换，并将红、黑条形旗作为盾形标识内部主要色彩，如图 3-12 所示。

保时捷车标其中央是一匹马，上写"STUTTGART"（斯图加特），表明公司总部设在斯图加特市，斯图加特市早在 16 世纪就盛产名马。图案左上

图 3-12 保时捷（Porsche）标志

方和右下方是鹿角图案，表明该地曾是狩猎的场所。右上方和左下方的黄色条纹是成熟麦子的颜色，寓示五谷丰登；黑色代表着土地肥沃，年年丰收；红色象征着人们的智慧和对大自然的钟爱。

八、欧宝：追求优良的性价比

1862 年，在德国的乌苏斯威，亚当·欧宝（Adam Opel，1837—1895）建立了一家生产自行车和缝纫机的工厂，并以他的姓"OPEL"（欧宝，以前音译为奥贝尔）作为注册商标名。

1899 年，亚当·欧宝汽车厂成立，1902 年自行设计生产出了第一辆欧宝汽车。

1929 年 3 月，通用汽车公司以 2600 万美元收购了欧宝的 80% 的股份，2 年后又以 736 万美元收购了余下的 20%，欧宝成为美国通用汽车公司在德国的一个全资子公司。

2017 年 3 月 6 日，通用汽车公司宣布将欧宝汽车转让给法国 PSA 集团。

作为欧宝汽车标志核心部分的"闪电"图形，反映了欧宝汽车公司对达到甚至超过最高设计和性能标准的承诺，代表公司的技术进步和发展，像闪电一样划破长空，震撼世界；"闪电"寓示欧宝汽车如风驰电掣，同时也炫耀它在空气动力学方面的研究成就，如图 3-13 所示。

图 3-13　欧宝（Opel）车标

第二节　法国汽车

在汽车发展史上，法国人有着自己独特的地位，法国的汽车工业历史非常悠久。法国人做了许多现代燃烧式发动机的理论基础工作和汽车发明工作。

尼古拉斯·古诺试制成功了世界上第一辆具有实用价值的蒸汽汽车，从而引发了世界性的研究和制造汽车的热潮。古诺的蒸汽汽车是汽车发展史上的第一个里程碑。

随后到来的"法国大革命"（1789 年 7 月 14 日爆发）却让法国的汽车研究中断了。直到"德法战争"（1870—1871 年）之后，法国人又占据了蒸汽汽车的领导地位。

1801 年，法国化学家菲利普·勒本（Philippe leBon，1767—1804），提出了煤气发动机燃烧理论，勒本被视为煤气机的发明人。

1860 年 1 月 24 日，法国籍比利时出生的技师埃特安·勒诺瓦，为他 1859 年制成的以照明煤气为燃料的二冲程发动机，取得了法国第 43624 号专利。1862 年 5 月，勒诺瓦制造出世界上第一辆具有行驶价值的燃气内燃机汽车。

1890 年，标致汽车公司仿制戴姆勒和迈巴赫设计的钢轮车生产出法国第一辆汽油机汽车，如图 3-14 所示。与此同时，法国的路易·潘哈德（Louis Panhard，1841—1908）和埃米尔·勒伐索（Emile Levassor，1843—1897）在法国建立了最早的一家汽车制造厂，也于 1890 年批量生产出前置发动机、后轮驱动的汽车，奠定了现代汽车传动系统布置的基础，对汽车发展做出了划时代的贡献，使汽车的制造进入工业化生产阶段。同时，潘哈德和勒伐索取他们各自名字中的首字母，"PL"便组成了世界上最早的汽车商标。

随着钢轮车的引入，法国开始了四轮汽车的造车热，也掀起了欧洲第一轮造车热潮，其影响涉及北美。法国于 1891 年起占据了汽车制造所有领域的领先地位，领导着世界汽车潮流。因此可以说，真正使汽车进入工业化生产的不是德国，而是法国。

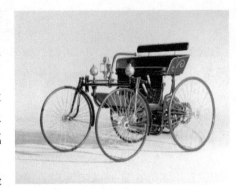

图 3-14　标致公司生产的法国
第一辆汽油机汽车

1906 年以前，法国的汽车产量居世界第一位，后来却被一个个国家超越过去。

目前，法国汽车生产厂家主要有两家：标致-雪铁龙集团（PSA 集团）和雷诺集团。

2018 年，法国汽车产量为 222.70 万辆，列世界第 10 位。

> **小贴士**：法国汽车工业的特点：高度集中，汽车生产及发展依赖外国市场，在其本土以外地区直接投资设立的工厂较多；法国汽车是家庭轿车的热门，但在豪华车、跑车领域却是法国汽车业的遗憾。
>
> 法国汽车的特点：设计前卫，造型优雅，线条简练，精巧灵活，热情浪漫，充满活力，车体较小，操控性好，突出人性化，两厢车多。

一、标致：可靠的，舒适的，美观的

1882 年，阿尔芒·标致（Armand Peugeot，1849—1915）开始制造各种式样的五金工具、三轮脚踏车和自行车。

1889 年，第一辆以标致命名的蒸汽汽车问世，并在 1889 年庆祝法国大革命 100 周年的巴黎世界博览会上展出。

1890 年，标致汽车公司利用戴姆勒汽车公司的汽油机生产出了第一批汽油机汽车，命名为标致 2 型。标致 2 型仿戴姆勒-迈巴赫的钢轮车型制作，成为真正的第一批标致内燃机汽车。

标致的狮形标志于 1850 年首次出现在标致牌锯条产品上，如图 3-15 所示。1858 年 11 月 20 日，标致狮形标志完成注册手续，狮形商标就此正式诞生。

狮子——标致品牌的象征，如图 3-16 所示。标致汽车公司所在地在蒙贝利亚尔，即今天杜省的旺东库尔，狮子是蒙贝利亚尔创建人标致家族的徽章，他们的先人曾到美洲和非洲探险，在那里见到了令人惊讶的动物——狮子，为此就用狮子作为本家族的徽章，后来狮子也成了蒙贝利亚尔的标志，所以标致汽车商标也选用了这个图案。其次是因为雄狮最完整地体现了标致锯条的三大特点：锯齿

图 3-15　狮形标志首次出现于
标致牌锯条产品上（1850 年）

图 3-16　标致车标

像雄狮的牙齿那样经久耐磨，锯身像雄狮的脊梁骨般有弹性，锯条的性能像狮子腾跃一样迅捷、像雄狮那样所向无敌。标致汽车像雄狮一样，象征着高质量。

二、雪铁龙：经济的，简约的

安德烈·雪铁龙（Andre Citroen，1878—1935）是法国雪铁龙品牌的创始人。1902 年，24 岁的安德烈·雪铁龙在埃松省开了一家齿轮工厂，后又搬到巴黎。

1919 年，雪铁龙工厂改成了雪铁龙汽车公司。雪铁龙汽车的传奇历程就此开始了。

1976 年 4 月，标致与雪铁龙两家公司的合并最终完成，形成了标致-雪铁龙集团。

雪铁龙标志以双人字标为基础，如图 3-17 所示。人字齿轮有许多优点，运行平稳、无噪声、高效。车标反映出雪铁龙公司的产品特点：创造大胆，结合科技，具有艺术的魅力。同时，整体采用富有金属感的色泽，轮廓更立体圆润，极富时尚、现代气息；双人字造型是雪铁龙标志永恒的主题，以此纪念雪铁龙创始人安德烈·雪铁龙。

三、谛艾仕：豪华的，具有拉丁风格的

2013 年 6 月，标致-雪铁龙集团通过长安标致雪铁龙合资子公司率先在中国市场正式发布 DS 品牌，将"雪铁龙 DS"名称改为"谛艾仕"（简称 DS），并于 2015 年在全球将 DS 品牌打造为一个独立的豪华车品牌，DS 将法国式的魅力和拉丁风格完美地结合在一起。

DS 车系曾于 1955—1975 年间，作为雪铁龙品牌车型生产过 145 万辆。

2014 年 2 月，标致-雪铁龙集团宣布将推行新的品牌战略。标致品牌将追求品质、可靠性、设计和驾乘体验，定位中档市场；雪铁龙品牌定位为低端车型，追求燃油经济性和简约特点；DS 品牌为高端定位，追求利润。

谛艾仕（DS）车标即字母 DS 的变形，如图 3-18 所示。DS 取自法文 Deesse 的读音，就是"女神"的意思。

图 3-17　雪铁龙车标　　　　　　　　　图 3-18　谛艾仕（DS）车标

四、雷诺：设计，创新，环保，品质

1898 年，路易斯·雷诺（Louis Renault，1877—1944）和其兄马赛尔·雷诺（Marcel Renault，1872—1903），在法国巴黎比扬古自己家的花园中造出了他们的第一辆汽车。

1899 年 2 月 25 日，只有 6 个工人的雷诺兄弟汽车公司成立了。从此，雷诺汽车登上了世界汽车的舞台。

雷诺车标是一个由矩形组成的四维空间的菱形，表示雷诺兄弟共同组成了一个大集体，寓示雷诺汽车能在无限的四维空间中竞争、生存和发展；又表征雷诺汽车的刚劲有力，加工尺寸精确，且与众不同，如图 3-19 所示。

图 3-19　雷诺车标（2015 年）

五、布加迪：设计艺术与工程技术完美融合

1909 年，埃多尔·布加迪在法国阿尔萨斯省的莫席租下一家停产的印染厂，建立起自己的埃多尔·布加迪汽车公司，专门生产赛车和高级轿车。1910 年，布加迪汽车在巴黎汽车展上获得了极大的成功，从而奠定了布加迪汽车的风格，即一流的技术、精湛的加工工艺、突出外形设计上的美感。

布加迪多次易手，在汽车界乍隐乍现。1998 年，德国大众集团买下了布加迪的品牌所有权。

布加迪车标外形呈椭圆形，中间是大写英文字母"BUGATTI"；上边是拼在一起的两个字母"EB"，它是创始人埃多尔·布加迪的英文名缩写；周边一圈小圆点象征滚珠轴承，并以红色为底色，希望布加迪汽车能永远不停地转动，如图 3-20 所示。

图 3-20　布加迪车标

布加迪早期曾用"立象"作为汽车商标,如图 3-21 所示。布加迪的祖父是建筑师,父亲是知名的摩尔人风格画家、雕塑家和"木匠",他的弟弟伦布兰特则是一个天才的动物雕塑家,布加迪那个经典的高扬长鼻跃起前腿的大象车头立体标志就是他的杰作。

图 3-21　布加迪立象车标

第三节　意大利汽车

1895 年,帕多瓦大学的一名工程学教授恩里科·伯纳德(Enrico Bernardi,1841—1919)生产出了意大利的第一辆汽车。这辆车也是三个轮子的,装有汽油机,酷似卡尔·本茨的第一款车,曾在佛罗伦萨的大街试车成功,如图 3-22 所示。

在意大利汽车工业的早期,所有的汽车销售都无一例外地和赛车联系在一起。一辆汽车在赛道上赢得的声誉将决定它能多快驶出陈列室的展台,而每一个获得胜利的赛车手则被视为国家英雄。正是意大利对赛车运动的痴迷,世界上最早的赛车道就是意大利人设计的著名的蒙扎赛道,它记录着意大利汽车制造业的光荣与梦想。也许从意大利人喜欢赛车运动的天性中能够发现,意大利为什么会是出赛车手的故乡,世界顶级跑车为何与意大利有缘。

图 3-22　恩里科·伯纳德制造了意大利的第一辆汽车

欧洲是世界汽车造型发展的中心,意大利则是汽车造型设计的圣地,这里荟萃了世界上大部分专业设计室。有人说,意大利的都灵是世界汽车的摇篮。这是一群由汽车设计室(公司)组成的设计产业集群,就像意大利汽车工业皇冠上的颗颗珍珠,个个璀璨。全球几乎所有的汽车厂商都和这其中的某一家建立了合作伙伴的关系。

2018 年,意大利生产汽车 112 万辆,列世界第 18 位。近年意大利汽车产量逐年下降。

在意大利,菲亚特一统天下,位居霸主的地位,买下了至今都引以为自豪的百年不衰的赛车品牌,如兰西亚(Lancia)、阿巴斯(Abarth)、阿尔法-罗密欧(Alfa Romeo)、玛莎拉蒂（Maserati）等，还控股法拉利（Ferrari），并持有美国克莱斯勒汽车公司全部股份。

> **小贴士**：意大利汽车工业的特点：汽车两极分化，小型轿车由菲亚特垄断，著名跑车品牌众多，汽车设计能力强。
>
> 意大利汽车的特点：引导潮流，外形超前，追求速度，极富动感，艺术色彩浓厚，高度流线型，功率大，具有良好的舒适性。

一、菲亚特：经济实惠，安全可靠

1899 年 7 月 11 日，33 岁的乔瓦尼·阿涅利（Giovanni Agnelli，1866—1945）和 9 名意大利商人看好刚刚兴起的汽车工业，合伙在意大利北部工业城市都灵建立起了意大利都灵汽车制造厂（Fabbrecs Italiana Automobili di Torino），每个单词的第一个大写字母加在一起就是 FIAT，音即"菲亚特"。

菲亚特车标，红宝石背景下突出了"FIAT"4 个字母，红色象征着积极的探索精神，并被圆形铬金属框架包围。车标有三维视觉效果，表现了汽车技术、意大利设计、动感以及强烈个性完美融合的一种理念，如图 3-23 所示。

二、阿尔法-罗密欧：古典的，优雅的，运动的

1910 年 6 月 24 日，米兰贵族伊戈·斯特拉（Ugo Stella，1891—1953）骑士等人，成立了伦巴第汽车公司，它的意大利名字的首字母缩写就是 ALFA（音译为阿尔法）。

1915 年，阿尔法被实业家尼古拉·罗密欧（Nicola Romeo，1876—1938）收购。1918 年，公司改名为阿尔法-罗密欧（Alfa Romeo）汽车公司，转为生产高档跑车和赛车。

1986 年 11 月，阿尔法-罗密欧被菲亚特公司收购。

阿尔法-罗密欧车标如图 3-24 所示。

图 3-23　菲亚特车标　　　　　　　图 3-24　阿尔法-罗密欧车标

但是那条龙形蛇背后的故事更令人神往。龙形蛇正在吞食一个人，来自关于龙形蛇吞撒拉逊人的传说，象征维斯康泰家族的祖先曾经击退了使人民遭受苦难的"恶龙"。作为一个标志，它象征了力量、智慧和权势，并可将时间追溯至伦巴第族人侵入并定居意大利北部的公元 6 世纪，他们相信蓝色背景上的蛇会带来好的运气，并将这一图案用于他们的战旗上。

三、法拉利：跑车中的极品

1943 年，恩佐·法拉利（Enzo Ferrari，1898—1988）在偏远的意大利马拉尼罗购置了厂房，成立法拉利汽车公司，他的第一辆赛车 Tipo125 于 1947 年初完成。

1969 年 7 月 1 日，菲亚特汽车公司购得法拉利汽车公司的 50% 股份（此后，菲亚特又增持了法拉利部分股份至 90% 的股份，法拉利其余股份由法拉利的后人持有），成为菲亚特的子公司。

2016 年 1 月 3 日，法拉利品牌被从菲亚特克莱斯勒集团中剥离出来，成为独立公司，其普通股在纽约证券交易所上市，法拉利由此获得了更大的运营自主权。

法拉利车标的主图案为一匹战马。1932 年 7 月 9 日，在一次 24h 的汽车拉力赛中，跃马图案第一次印在了代表阿尔法-罗密欧公司出赛的法拉利赛车上——黑色的马，黄色的背景。1946 年，法拉利汽车公司将其注册为公司商标，如图 3-25 所示。

图 3-25　法拉利车标

法拉利车标让我们甚至可以听到战马的嘶鸣，还有声声战鼓。战马用以表示法拉利赛车勇往直前的英勇性格；上部的绿、白、红三色是意大利的国旗色，中部的背景黄色则是法拉利总部所在地摩德纳的金丝雀羽毛颜色，下面是法拉利的名字（Ferrari）。

盾形标志下面的 "SF" 是为了纪念 1929 年恩佐·法拉利建立的法拉利 "飞毛腿" 赛车队（Scuderia Ferrari）。

通常，法拉利的车标有三种形状，矩形标志放在车头正面，盾形标志放在前轮车身侧面，单独的奔马标志放在进风口栅格处和车尾。

四、玛莎拉蒂：轿车与跑车的完美结合

1914 年 12 月 1 日，艾法利玛莎拉蒂汽车公司成立。从 1923 年起，他们开始改装赛车参

赛。1926 年，玛莎拉蒂几兄弟开始独立生产赛车，并以自己的名字命名他们生产的赛车。艾法利·玛莎拉蒂（Alfieri Maserati，1887—1932）在兄弟们的协助下，完成了第一辆自己设计、制造、组装的"玛莎拉蒂 1 号车"——Maserati Tipo 26。

1993 年菲亚特汽车公司买下了玛莎拉蒂汽车公司，作为自己生产高档轿车、跑车的基地。

玛莎拉蒂车标是一个三叉戟皇冠，设计灵感来源于公司所在地意大利博洛尼亚市市徽海神尼普顿，如图 3-26 所示。

图 3-26　玛莎拉蒂车标

相传罗马神话中的海神尼普顿手中握有显示其巨大威力的武器——三叉戟。尼普顿手持三叉戟巡弋海疆，神威活现。将海神的三叉戟美化成皇冠的形象，展现了玛莎拉蒂汽车犀利的性能和高雅的品位，寓示着玛莎拉蒂问世后将在世上引起巨大轰动；同时显示出海神巨大无比的威力，玛莎拉蒂汽车就像浩瀚无垠的大海咆哮澎湃，具有快速奔驰的潜力。三叉戟象征着玛莎拉蒂兄弟团结一致，勇往直前；也表示着玛莎拉蒂汽车技术先进、速度快。

五、兰西亚：高雅的，尊贵的

1906 年 11 月 29 日，文瑟佐·兰西亚（Vincenzo Lancia，1881—1937）离开菲亚特汽车公司在意大利都灵开设了自己的汽车工厂，命名为兰西亚汽车公司。1908 年生产出第一辆兰西亚汽车。

1969 年 11 月，菲亚特汽车公司买下了兰西亚汽车公司。

"兰西亚"有双重意义：一是采用了公司创始人的姓氏；二是借用兰西亚的含义"长矛"。长矛是中世纪骑士手中的武器，许多部落和军队在长矛尖上挂一面旗帜，作为部落标记。

兰西亚的车标（见图 3-27），则是旗帜加上车轮形状的圆圈；浅色的线条装饰与深蓝色的盾牌形成鲜明的对比，衬托出一种凝重的感觉，象征着品牌的实力。车标以长矛作为画面的主题，将长矛的矛尖部变形成分割背景圆的尖状突起，代表了企业奋斗的精神，加上旗帜上的英文名称（Lancia），简洁地体现出兰西亚汽车公司争强好胜、不畏艰难、勇于拼搏与创业的精神。

图 3-27 兰西亚车标

六、兰博基尼：极致速度与时尚风格融为一体

1963 年 6 月 30 日，弗鲁西欧·兰博基尼（Ferruccio Lamborghini，1916—1993）在意大利圣·亚哥大建立了兰博基尼汽车公司。1964 年 3 月生产出了第一辆兰博基尼跑车 350GT。

后来，兰博基尼汽车公司几经转卖，最终于 1998 年 7 月 27 日被德国大众正式接管。

兰博基尼标志是一头浑身充满力量、正向对方攻击的斗牛，如图 3-28 所示。这个标志也是创始人弗鲁西欧·兰博基尼自己的星座金牛座。寓意该公司生产的赛车功率大、速度快、战无不胜，这似乎与其大功率高速跑车的特性相吻合；这一标志还体现了创始人斗牛般不甘示弱、勇于取胜的脾性。

图 3-28 兰博基尼车标

七、阿巴斯：运动化的小型车

阿巴斯（Abarth）品牌的创始人是卡尔·阿巴斯（Karl Abarth，1908—1979）。1949 年 4 月 15 日，阿巴斯在意大利都灵成立了自己的阿巴斯汽车公司，开始生产汽车的配件；后来，进行量产车型的改装，主要是菲亚特车型。

1971 年 7 月 31 日，菲亚特汽车公司将阿巴斯汽车公司收购。

现在，菲亚特的运动型轿车都以 Abarth 为标志。

阿巴斯车标是一只蝎子的造型，蝎子覆盖在红色和黄色的盾上，如图 3-29 所示。

蝎子一直都是一个受到很多人喜欢的图案，在非洲、中东和东南亚的一些传统部落民族眼中，蝎子是一种护身符和避邪物——寓意保护主人避开危险。因为他们认为鬼魂都是害怕

图 3-29　阿巴斯车标

蝎子的，大多数动物也都敬畏蝎子，人们给蝎子赋予了超自然的能力。

蝎子作为阿巴斯车标，原因有两个：首先，蝎子是一种不常见的动物，不仅被艺术表现的可能性很大，而且不容易被模仿；其次，创始人卡尔·阿巴斯的出生日期（1908 年 11 月 15 日）为天蝎星座。

阿巴斯标志上面的三种颜色绿色、白色和红色。这三种颜色是意大利国旗中的三种颜色，意为阿巴斯在意大利"诞生"。中部黄色和红色作为背景色，表示赛车世界，代表了对赛车的热情。

第四节　英国汽车

最早的动力机械蒸汽机是英国人发明的，英国人也最早生产出了蒸汽机载客汽车。

不过，早期的蒸汽汽车既没有多少经济意义，又没有多少社会意义，至少在英国是这样的。英国贵族们开始对汽车并不感兴趣，都在高雅地喂马和装饰着马车；生活在下层的市民们不但买不起汽车，甚至坐不起汽车，当时乘坐蒸汽机公共汽车的费用大概是乘坐马车的 10 倍。显然，汽车并没有得到人们的支持。

1865 年，英国议会出台了《机动车法案》，该法案又称为《红旗法案》，规定车速在乡村时时速不超过 6.4km（4mile），城镇不超过 3.2km（2mile）；并且一辆车必须有 3 个人来完成驾驶，其中一名手执红旗的乘务员——《红旗法案》由此得名——必须走在车前 50m 处为机动车开道，警告行人注意安全，并负责限制车速；严禁驾驶人鸣笛，以免惊吓马匹；狭路相逢时，汽车要为马车让路。《红旗法案》给英国相关工业带来了毁灭性的打击，阻碍了蒸汽机的发展，阻碍了汽油机的传播，也阻碍了人们的创造，英国的蒸汽汽车和其他机动车的研发从此销声匿迹，在汽车发展史上结束了英国的先行时代。

英国现代汽车工业起步不算太迟。1892 年，德国移民后裔弗雷德里克·布雷默（Frederick William Bremer, 1872—1941）制造了英国第一辆以内燃机为动力的汽车，并用自己的姓氏 Bremer 作为该车的名字，如图 3-30 所示。

英国汽车产量在 1930 年超过法国，居世界第二位。到 1960 年，德国汽车产量超过了英国，以后英国汽车产量是"不进则退"，退出了前 10 名。

英国是全球重要的汽车技术研发中心，在动力总成系统和传动技术、燃料电池和蓄电池汽车等领域具有优势。

图 3-30 弗雷德里克·布雷默制造的英国第一辆汽油机汽车

英国是欧洲另一个造型发展中心，汽车造型在这里得到了充分的重视。

英国还是世界最成功的汽车运动的发源地，目前仍是世界赛车业的领导者。英国生产的赛车占全球赛车市场的 80%；一级方程式和印第赛车中的大部分车辆是由英国专门设计、开发和制造的。

现在，英国现存汽车制造公司的汽车品牌几乎全部被纳入外国汽车巨头的麾下。

2018 年，英国生产汽车 151.94 万辆，列世界第 15 位。

> **小贴士**：英国汽车行业的特点：名牌车生产厂多，被国外兼并厂多，产量小，大部分汽车都是外国在英国投资的企业所生产；发动机设计制造水平高；独立的设计工程行业创新力强；赛车行业处于统治地位。
>
> 英国汽车的特点：稳重，内向，尊贵，典雅，有涵养，讲传统，用料充足、讲究，造型优雅脱俗，别具一格。

一、劳斯莱斯：汽车贵族

劳斯莱斯（Rolls-Royce，曾译为罗尔斯-罗伊斯）品牌的创始人是查尔斯·劳斯（Charles Rolls，1877—1910）和亨利·莱斯（Henry Royce，1863—1933）。

1904 年 4 月 1 日，莱斯试制的第一辆汽车进行了道路试验。1906 年 3 月 15 日，劳斯莱斯汽车公司成立，莱斯在曼彻斯特生产汽车，劳斯在伦敦销售汽车。

1998 年 7 月 28 日，大众汽车公司以 7.93 亿美元（4.8 亿英镑）购得劳斯莱斯汽车工厂，但大众汽车公司却只能生产宾利牌汽车；宝马汽车公司以 6600 万美元（4000 万英镑）买下了劳斯莱斯的品牌，获得劳斯莱斯汽车名称和产品标志使用权。

劳斯莱斯车标（见图 3-31）的外框为长方形，分上中下三格，上、下格由两个人的名字组成，中层重叠的"RR"是创建人劳斯、莱斯二人的姓氏的第一个字母；代表两者真诚、永久的联合，体现了两人融洽、和谐的合作伙伴关系，说明两位创始人紧密合作、相互支持，又表示两人你中有我、我中有你的团结奋进精神。纯几何长方形外框给人静穆、苍劲、深厚、庄重、严谨的感觉，表示劳斯莱斯先进的技术、精良的制作和制造者一丝不苟的精神。

劳斯莱斯的标志除了双"R"之外，还有著名的"飞天女神"标志，如图 3-32 所示。"飞天女神"代表了静谧中的速度和强劲的动力。它的含义是劳斯莱斯轿车"寂静而平稳地

图 3-31　劳斯莱斯 "RR" 车标

图 3-32　不同时期的劳斯莱斯 "飞天女神" 车标

行驶，高雅美丽而又栩栩如生，宛如一艘航行中的轻舟"。

1996 年，劳斯莱斯率先在第四代银刺/银灵的 "飞天女神" 雕像下方安装了折叠伸缩机构，在车辆熄火或发生碰撞时雕像可以自动下沉收缩进发动机舱盖内，以保护行人安全和防止车标被盗。

二、宾利：庄重典雅，傲视群雄

1919 年 1 月 18 日，沃尔特·欧文·宾利（Walter Owen Bentley，1888—1971）成立了宾利汽车有限公司。1920 年，宾利汽车在伦敦制造成功。

1931 年 7 月 10 日，劳斯莱斯公司将宾利汽车有限公司买下，使其成为一个专门生产高级跑车的分部。

1998 年，宾利品牌落入了德国大众汽车公司手中。

"Bentley" 过去一直被译为本特利，2001 年首次进入中国时，才正式译为 "宾利"。

宾利车标（见图3-33和图3-34）为一凌空翱翔的雄鹰，鹰的腹部有公司名称的第一个字母"B"。"鹰"标志令人肃然起敬，让人感到自豪，它象征着宾利汽车有限公司在全球范围内飞跃发展的能力。宾利汽车仿佛给驾驭者插上了腾飞的双翼，向远方的地平线飞驰。

图3-33　宾利车标

图3-34　宾利车标背景色通常有红、黑、蓝三种颜色

宾利汽车早期曾使用过侧身的飞鹰翅膀商标，如图3-35所示，中间为一个"B"字，两边是展开的翅膀。那个展翅腾飞的"B"字是宾利最强劲、永不妥协的标志，它呈现给世人的永远是动力、尊贵、典雅、舒适与精工细做得完美结合。近年，这个标志又开始了复兴。

图3-35　宾利"B"字车标

车头的"B"立式车标曾经是宾利车的选配，如果选装需要付出的是15万元人民币，好在现在这个天价车标成为标配，宾利车主可以"省下"这笔钱了。

三、阿斯顿·马丁：财富，速度，圆润，休闲

1913年1月13日，莱昂内尔·马丁（Lionel Martin）和罗伯特·班福德（Robert Bamford）创建了马丁-班福德公司。1915年3月16日，第一辆马丁品牌的汽车诞生。

第一次世界大战后，班福德决定退出公司，马丁买下他的股权。马丁为纪念自己当年驾

驶汽车，勇夺坡陡弯急的阿斯顿·克林顿山爬坡赛冠军，于1923年将马丁-班福德公司改名为阿斯顿·马丁公司。

由于经营业绩不佳，阿斯顿·马丁被反复地转卖。2007年3月12日，英国高性能汽车改装公司Prodrive宣布，他们已经从美国福特手中成功购回阿斯顿·马丁品牌。

阿斯顿·马丁汽车的车标为一只展翅飞翔的大鹏，并标有品牌"ASTON MARTIN"字样，如图3-36所示。车标寓示着阿斯顿·马丁像大鹏一样，具有从天而降的冲刺速度和志向远大的气魄。

图3-36 阿斯顿·马丁车标

四、捷豹：创新，技术，奢华

1922年9月4日，威廉·莱昂斯（William Lyons，1901—1985）等人建立燕子摩托车公司，生产挎斗摩托车。1929年，公司开始自行设计汽车，新车被命名为"SS"。

1945年3月23日，公司改名为捷豹汽车公司，并以"捷豹"（Jaguar）作为商标。

2008年，印度塔塔集团从美国福特公司手中将捷豹汽车公司揽入了怀中。

捷豹（Jaguar，又称为美洲虎或美洲豹，但它既非虎也非豹）是世界上稀有、名贵的动物之一，这体现了公司生产汽车的稀有及其勃勃雄心。

捷豹车标（见图3-37）有一个前扑的捷豹雕像，另有一个捷豹头像。正在跳跃前扑的捷豹，图案形神兼备，具有时代感与视觉冲击力，它既点破了品牌的名称，又表现出向前奔驰的力量与速度、节奏与勇猛。同时，也寄寓捷豹汽车能如虎豹一样，并驰骋于世界各地。

五、兰德·路虎：卓越的，舒适的

1947年，担任罗孚汽车公司总工程师的莫瑞斯·威克斯（Maurice Wilks，1904—1963）与罗孚总经理及其兄斯班瑟·威克斯（Spencer Wilks，1891—1971），在自家农场里聊到美国的吉普车时，突发奇想，要生产具有英国品味的越野车。

1948年4月30日，第一辆兰德·路虎（Land Rover）品牌越野车在荷兰的阿姆斯特丹车展上首次亮相便大放异彩，并显示出强大的越野能力。"Land Rover"的意思是可用于农耕的罗孚汽车。

2008年，印度塔塔集团从美国福特汽车公司手中将兰德·路虎收入了囊中。

兰德·路虎汽车的车标（见图3-38）已演变成绿色的椭圆形，车标中间上下排列着大写字母"LAND ROVER"。独特的绿色车标代表可靠、探险、胆魄和至高无上的四驱精神，使人

图 3-37　捷豹车标

图 3-38　兰德·路虎车标

想起兰德·路虎汽车所创造的越野传奇。

六、迷你：创意、灵感与激情

1959 年 8 月 26 日，英国汽车公司设计师阿莱克·伊西戈尼斯（Alec Issigonis，1906—1988）设计的迷你（Mini）汽车正式上市。

1994 年 3 月，宝马汽车公司收购了迷你汽车品牌。

迷你车标（见图 3-39）是英文"MINI"外面加一对飞翔的翅膀，象征速度和自由，黑色圈（2000 年以前是绿色圈）放置在锋利的翅膀之间，成了年轻化和成功的象征，银色彰显出前卫、时尚；黑色增添了经典、优雅、力量和卓越。既表明了品牌名，又让人感受到了英国经典汽车平易近人、亲切可爱、大众时尚的风格和气质。

七、名爵：魅力，绽放

名爵（MG）表示 Morris Garages，是莫利斯汽车在英国牛津的分销商，它归威廉·莫里斯（William Richard Morris，1877—1963）所有。

图 3-39 迷你（Mini）车标

1924 年 3 月，第一辆 MG 汽车进入市场，开创了 MG 的传奇。这些汽车第一次以 MG 的品牌开始销售，并且以著名的八角形徽章作为其标志特征。MG 商标于 1928 年 4 月 2 日登记注册。

2005 年 7 月 22 日，中国南京汽车厂收购了 MG 品牌，其生产的名爵汽车于 2007 年 3 月 27 日正式下线。2007 年，南京汽车厂并入上汽集团。也就是说，现在中国上汽集团拥有 MG 品牌。

MG 八角形的车标（见图 3-40）代表着稳固、热情、忠诚、可信赖，蕴含着四面八方、君临天下的王者之气。其激情、活力、愉悦的品牌特性，"年轻动感、纯粹乐趣、专属空间"的产品特点，则体现了新时代精英们内涵和激情并存、成就和修养兼顾的特性，而且传递了他们共同的、环顾四宇的王者之气；同时，还呈现出了人车合一的、在尊重历史的同时敢于突破和创新的时代精神。

八、摩根：现代化的古典艺术品

摩根（Morgan）品牌的创始人是亨利·摩根（Henry Morgan，1881—1959）。

1902 年，摩根汽车公司推出首辆三轮汽车。

摩根车标（见图 3-41）为"MORGAN"（创始人摩根）字样，在其两侧带翼，寓意快速飞翔。

图 3-40　MG 车标

图 3-41　摩根车标

九、路特斯：乐趣型纯种跑车

路特斯（Lotus）品牌的创始人是英国的柯林·查普曼（Colin Chapman，1928—1982）。

查普曼在 1947 年完成第一辆奥斯汀 7 型车的改装，并命名为 Mark 1 型车。

1955 年，查普曼正式在伦敦成立了莲花汽车公司。

1983 年，莲花集团最终破产，莲花汽车又经过了几次转卖。

2012 年 1 月，马来西亚多元资源重工业集团有限公司宣布从政府手中收购莲花汽车的母公司宝腾汽车。莲花汽车也跟随其母公司宝腾汽车易主。

2011 年 6 月 15 日，Lotus 的中文名由"莲花"改为"路特斯"。

路特斯车标如图 3-42 所示，在莲花的花蕊上除了"LOTUS"的英文字母外，还有 4 个字母"ACBC"重叠组成的图案。这 4 个字母是创始人查普曼（Anthtony Colin Bruce Chapman）姓名全称的缩写字母。这一重叠的英文字母展现出"创意为先、冒险至上"的企业精神。

图 3-42　路特斯车标

路特斯在中国使用的车标略有不同，车标上面增加了"NYO"几个字母，发音同英文"NEW"，可以翻译为"新的"，如图 3-43 所示。

图 3-43　路特斯在中国使用的车标

十、沃克斯豪尔：英国的雪佛兰和欧宝

1857 年，苏格兰工程师亚历山德尔·威尔逊（Alexander Wilson，1837—1907）在伦敦成立了亚历山德尔·威尔逊公司，主要生产水泵和船用发动机。1897 年，公司更名为沃克斯豪尔钢铁公司。1903 年，沃克斯豪尔钢铁公司制造出第一辆沃克斯豪尔汽车。1907 年，沃克斯豪尔钢铁公司改名为沃克斯豪尔汽车有限公司。

1925 年 12 月，沃克斯豪尔被通用汽车公司买下，并更名为通用英国公司，成为美国通用公司的子公司——"英国的雪佛兰"，与德国通用欧宝公司生产相同的车型。

2017 年 3 月 6 日，通用汽车公司宣布将沃克斯豪尔转让给法国 PSA 集团。

沃克斯豪尔车标（见图3-44）采用在圆圈内含有一只希腊神话中半狮半鹫的怪兽"飞狮"图案。"飞狮"前爪高擎一面旗帜，旗上标有沃克斯豪尔英文第一个大写字母"V"，显示沃克斯豪尔豪华轿车风驰电掣般地飞驰在全世界的雄姿；下半身是一只雄狮身体的造型，而且已展开矫健翅膀，显露出锋利的前鹗，完全体现了英国文化理念中传统、征服与霸气，象征着欧洲人崇尚的权力和威严。

图 3-44　沃克斯豪尔车标

第五节　瑞典汽车

1897 年，作为机车和自行车制造商的瑞典维比斯（Vabis）公司经理彼特·佩特森（Peter Petersson，1840—1908）和工程师古斯塔夫·艾里克森（Gustaf Erikson，1859—1922），设计并制造了两缸发动机和"由发动机驱动的车厢"，第一辆完全由瑞典制造的汽车问世了，如图 3-45 所示。

图 3-45　维比斯公司制造的瑞典第一辆汽车

瑞典制造出的第一辆汽车，几乎和美国的汽车生产历史一样早，与欧美汽车工业诸强并驾齐驱。

瑞典的汽车业居世界领先地位，是瑞典的重要产业，也是瑞典最大的出口部门，因此瑞典政府大力发展汽车产业，促进汽车出口，95%以上的产品销往瑞典以外的国家。瑞典汽车的产量不高，但重型载货汽车很有名，产量约占世界产量的20%。

尽管瑞典的汽车工业有过辉煌的历史，但是只靠瑞典自身的力量来发展汽车工业，还面临着许多困难。因此，近年瑞典的一些汽车厂纷纷与外国汽车公司合作或品牌被出售。

2018年，瑞典生产汽车22万辆，列世界第29位。

> **小贴士**：瑞典汽车工业特点：汽车制造历史悠久，自主开发和设计能力较强，十分重视汽车的性能和质量；安全，远程信息处理，环保，冬季测试，设计与工程等五大方面技术突出；汽车发动机、远程通信、安全和环保等技术领域居世界领先地位；品牌著名。
>
> 瑞典汽车特点：注重安全，可靠性高，低排污，外形硬朗，稳重踏实，朴实无华，造型传统，简洁舒适。

一、斯堪尼亚：尊重个人

斯堪尼亚汽车公司（Scania AB）是由维比斯汽车公司与斯堪尼亚汽车公司于1911年合并而成的。维比斯汽车公司于1897年生产出瑞典的第一辆汽车；斯堪尼亚汽车公司于1901年开发出自己的第一辆汽车。

2008年，斯堪尼亚成为德国大众汽车公司的品牌。

斯堪尼亚车标主要由狮身鹰面兽和脚踏板曲柄两部分组成，如图3-46所示。头戴皇冠的狮身鹰面兽，抖擞精神，重振雄风。狮身鹰面兽代表公司所在国家是瑞典王国，表示公司扎根于故土，显示出该公司的力量、速度、敏捷和勇气；皇冠代表权力和威严。外框的圆形及三角形图案，是一个自行车的轮盘（脚踏板曲柄），象征着公司最早是生产自行车的企业，寓示着公司的历史源远流长。

图3-46 斯堪尼亚（Scania）车标

二、沃尔沃：以人为尊

沃尔沃（VOLVO，之前曾被译为富豪）汽车品牌的创始人是阿瑟·加布里尔森（Assar Gabrielsson，1891—1962）和古斯塔夫·拉尔松（Gustaf Larson，1887—1968）。

1915年6月22日，VOLVO获得正式注册。这个名字有着强烈的象征意义，拉丁语"滚滚向前"的意思，因为其母公司瑞典轴承厂（SKF）是世界著名的轴承生产商。

1927年，瑞典沃尔沃集团在瑞典轴承厂正式诞生。1927年4月14日，沃尔沃正式生产的首辆汽车面世。

1979 年，沃尔沃集团将载货汽车和轿车制造部分各自独立，轿车部分命名为沃尔沃汽车公司；货车部分命名为沃尔沃载货汽车公司，现属于沃尔沃集团。

2010 年 3 月 28 日，中国吉利集团从福特手中收购了沃尔沃汽车公司。

沃尔沃在 1927 年制造成功的首辆正式汽车上，就完整地显示了标志。其车标由三部分图形组成：第一部分有一支箭的圆圈，箭头呈对角线方向指向右上角。圆圈代表古罗马战神玛尔斯（Mars，希腊神话里又称 Ares），他形象英俊，性格强暴好斗，十分喜欢打仗，而且勇猛顽强，是力量与权力的象征；也是男性阳刚气质等不同概念的象征；圆圈还可看成一个滚动的车轮，同时也是瑞典钢铁工业的象征。第二部分是对角线，沿着散热器的对角线给"VOLVO"加上了一个斜带，其目的是为将玛尔斯符号固定在格栅上，后来就逐步演变成为一个装饰性符号，而成为 VOLVO 汽车最为明显的标志。第三部分是 VOLVO 公司注册的文字商标，它采用古埃及字体，如图 3-47 所示。

图 3-47　沃尔沃车标

沃尔沃汽车商标寓意公司兴旺发达，前途无限，车轮滚滚向前，事业蒸蒸日上。

三、科尼赛格：现代跑车幽灵

1994 年，瑞典的克里斯·冯·科尼赛格组建了科尼赛格汽车公司。

1995 年，科尼赛格汽车公司开始研发生产出第一款原型车 Koenigsegg CC。

科尼赛格（Koenigsegg）盾形徽章标志是科尼赛格家族盾形纹章的修改版，如图 3-48 所示。科尼赛格家族彩色的盾形纹章非常精致，它从 12 世纪沿袭至今。

图 3-48　科尼赛格车标

1891 年 1 月，约翰·兰伯特（John William Lambert，1860—1952）等人最早使用汽油机汽车在美国俄亥俄州进行了试驾，兰伯特这辆装有单缸、四冲程汽油机的三轮车行驶了 24m。由于无人购买，兰伯特汽车没有继续制造，转而去生产固定式发动机。

美国现代汽车的开山鼻祖是查尔斯·埃德加·杜里埃（Charles Edgar Duryea，1861—1938）和吉姆斯·弗兰克·杜里埃（James Frank Duryea，1869—1967）兄弟。

1892 年 4 月 19 日，杜里埃兄弟花 70 美元买来一辆马车，然后装上一台 3kW（4 马力）的单缸汽油机，链条传动，手把式转向，最高时速 12km/h，制造出了属于美国首辆成功的内燃机汽车，如图 3-49 所示。

1895 年，杜里埃兄弟在春田市柴可比镇建立了美国第一家制造汽油汽车的杜里埃汽车公司，开创了美国汽车制造业的历史。

到 1900 年，美国开始量产汽车，汽车生产厂家与日俱增，并随后一跃成为汽车头号强国。

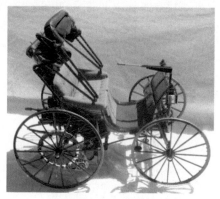

图 3-49　美国首辆制造成功的内燃机汽车

1906 年开始，美国汽车产量超过了欧洲。1913 年，福特汽车制造厂出现了世界上第一条汽车生产流水线；福特汽车在 20 世纪 20 年代占据了美国汽车市场 50% 的份额，福特汽车公司成为当时世界上最大的汽车公司。到 1925 年，美国市场达到了饱和，出现汽车生产过剩，美国汽车涌入了欧洲，还在英国、德国等建立组装厂或者成立汽车公司，并买下了不少的老牌汽车厂。甚至，美国还向德国、英国、法国、意大利等国家出口汽车制造技术。

20 世纪初，美国有上百家汽车生产厂。到 20 世纪中叶，全美国主要汽车生产集中到了通用、福特和克莱斯勒三家汽车公司。

从 1906 年起，除 1980～1992 年以外，美国汽车年产量一直居世界第一位。近几年，美国汽车产量处于世界亚军或季军地位。

2018 年，美国国内汽车总产量 1118.99 万辆，位列世界第二名。

> **小贴士**：美国汽车工业的特点：行业竞争激烈，呈现出"三足鼎立"之势，通用、福特、克莱斯勒三大汽车公司垄断着全美国轿车总产量的 90% 以上；汽车品牌不断减少；国内市场处于饱和，国外投资建厂较多；国内汽车生产成本高。
>
> 美国汽车的特点：宽敞舒适，设备齐全，不拘小节，注重安全，豪华气派，车身线条舒展流畅，动力强劲有力，自由与霸气的个性表露无遗。

一、凯迪拉克：艺术，科技，高贵，豪华

凯迪拉克（Cadillac）品牌由美国工业革命和汽车工业早期历史上著名的人物、美国汽

车精细生产大师亨利·利兰（Henry Leland，1843—1932）创立。第一辆凯迪拉克汽车完成于1902年10月17日。

1909年7月29日，通用汽车公司用596.92万美元购得了凯迪拉克品牌。凯迪拉克成为通用公司中生产豪华车的分部，其产品在通用公司占据最高端的位置，是美国豪华车的代表之一。

利兰之所以选用"凯迪拉克"这个名字，是为了向法国的皇室贵族、探险家安东尼·门斯·凯迪拉克表示敬意，因为他在1701年建立了底特律城，并担任第一任市长。200年后，为了纪念这位法国人的功绩，继承他的开创精神，利兰以其名字凯迪拉克命名汽车。

凯迪拉克车标（见图3-50）含有大胆而轮廓鲜明的棱角，象征着凯迪拉克在行业内的领导地位，反映了该品牌新的设计方向和技术进展，彰显着凯迪拉克"钻石切割"的设计理念。车标中的盾象征着凯迪拉克英勇善战、攻无不克，代表该车具有巨大的市场竞争能力；以铂金颜色为底色，代表着纯洁、仁慈、美德与富足；金黄与纯黑相映，象征智慧与财富；红色，象征行动果敢；蓝色，代表着骑士般英勇善战，攻无不克的侠义精神。

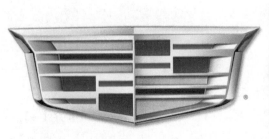

图3-50 凯迪拉克车标

二、别克：突破，创新，进取

大卫·别克（David Buick，1854—1929）于1899年在底特律创立了别克动力公司。1903年5月19日，在布里斯科兄弟的帮助下，别克汽车公司在底特律正式成立。1904年6月，第一辆别克汽车诞生。

1904年11月1日，别克汽车公司被辗转卖给"四轮马车国王"威廉·杜兰特。1908年9月16日，杜兰特以别克汽车公司为基础，在密歇根州弗林特联合组建了早期的通用汽车公司。

别克车标（见图3-51）采用红、白（后被银灰替代）、蓝三重盾形，以代表当年别克生产的三种车型（它们是LeSabre，Invicta，Electra）。这三把颜色不同并从低向高处依次排列在不同高度位置上的利剑，给人一种积极进取、不断攀登的印象，表示别克的顶级技术；也表示它们所培养出的人才，个个游刃有余，是无坚不摧、勇于登峰的勇士。

三、雪佛兰：大众化的，经济的，创新的

1911年11月3日，威廉·杜兰特和路易斯·雪佛兰（Louis Chevrolet，1878—1941）成

图 3-51　别克车标

立了雪佛兰汽车公司。第一辆雪佛兰汽车——杰作 6（Classic Six）于 1912 年在底特律问世。

雪佛兰汽车公司于 1918 年 5 月并入杜兰特控制的通用汽车公司。

雪佛兰车标采用的图案是一个普通的蝴蝶领结，如图 3-52 所示。

在西方，领结是人人喜爱的物品，不但体现了大众化，更标志着贵族气派与永恒的服务精神。领结车标象征着雪佛兰汽车的大方、气派、风度。

四、吉姆西：多品种，多功能，宽大，舒适

吉姆西（GMC）过去是通用货车和客车（GM Truck and Coach Division）的缩写，现在是通用汽车公司的缩写，如图 3-53 所示。

图 3-52　雪佛兰"金领结"车标　　　　　　　图 3-53　吉姆西车标

五、福特：正宗的，进步的，漂亮的

1903 年 6 月 16 日，由亨利·福特等 12 人用名义资本 10 万美元，在美国底特律注册创办了福特汽车公司。

在蓝色背景的衬托下，福特标志（见图 3-54）的椭圆外形内被艺术化了的"Ford"，形似活泼可爱、充满活力、美观大方的小白兔；犹如在温馨的大自然中，有一只可爱、温顺、雄健的小白兔正在向前飞奔；象征福特汽车奔驰在世界各地，令人爱不释手。

图 3-54　福特车标

六、林肯：设计、品质和个性化服务，美国式的豪华

"林肯"（Lincoln），在世界汽车历史上唯一一个以美国总统（第 16 任总统）名字命名，并为总统使用的汽车。

林肯品牌的创始人是亨利·利兰。

1917 年 8 月，利兰另行组建林肯汽车公司。利兰之所以用"林肯"作为公司名，是因他在 1864 年投过林肯（Abraham Lincoln，1809—1865）总统选举票，对林肯非常敬仰。

1920 年，第一辆林肯牌汽车问世。

1922 年 2 月 4 日，福特以 800 万美元收购了林肯汽车公司。林肯品牌是福特公司生产的高端车型。

林肯车标（见图 3-55）是在一个矩形中含有一颗闪闪发光的星辰，表示林肯总统是美国联邦统一和废除奴隶制的启明星；也预示林肯轿车尊贵气派、前途无量，具有光辉灿烂的明天。

图 3-55　林肯车标

七、克莱斯勒：表现力，竞拔感，巡游型

1925 年 6 月 6 日，沃特尔·克莱斯勒（Walter Chrysler，1875—1940）在彻底改组并买断了马克斯维尔公司的基础上，宣布正式成立克莱斯勒汽车公司。

2014 年 1 月 29 日，菲亚特汽车公司将并购的克莱斯勒集团与菲亚特合并。

克莱斯勒集团目前主要有 4 个品牌（分部）：克莱斯勒、道奇、公羊、吉普。

克莱斯勒采用了银色的飞翔标志，如图 3-56 所示。一只跃跃欲飞的雄鹰翅膀，在图案中有"CHRYSLER"（创始人克莱斯勒）字样。雄鹰翅膀象征着克莱斯勒欣欣向荣的景象。

图 3-56　克莱斯勒车标

八、道奇：勇敢的，强大的，运动的

道奇（Dodge）品牌的创始人是道奇兄弟——哥哥约翰·道奇（John Dodge，1864—1920）、弟弟霍瑞斯·道奇（Horace Dodge，1868—1920）。

1900 年，道奇兄弟公司在底特律的拉菲特和伯宾大街开张了，主要生产汽车配件。1914 年 11 月 14 日，道奇兄弟公司设计生产出他们的第一辆汽车。

1928 年，克莱斯勒通过交换股票买下了美国汽车业最大的公司之一——道奇兄弟公司。

从 2010 年开始，原道奇拆分成了两个品牌：道奇（乘用车）和公羊（商用车）。同时，其车标也发生了变化，原羊头标志用在公羊上；道奇乘用车则使用新的标志，由 "DODGE" 文字和右上角的两条红色斜纹组成，如图 3-57 所示。

图 3-57　道奇新标志（2010 年）

采用了字体标志后的道奇汽车更富有运动感。为塑造更 "运动" 的道奇轿车，道奇采用了克莱斯勒集团 SRT 品牌的两道红色条纹。红色条纹最早出现在道奇挑战者 RT 的汽车模型上，是展现道奇运动风格赛车的视觉表现的一部分。

九、公羊：强劲的，实用的，舒适的

2009 年 10 月 5 日，克莱斯勒宣布公羊（Ram）品牌单列。

1981 年，第一代道奇公羊问世。公羊是基于 1972 年的道奇 D 系列皮卡打造的，这款车比 D 系列皮卡动力更强劲、更实用，同时拥有更好的舒适性。最终英文 Ram（公羊）成为这款全新系列皮卡的名称。

公羊标志采用的是 2010 年前道奇品牌的标志，如图 3-58 所示。

公羊标志是在一个五边形中有一羊头。公羊象征强壮有力，善于决斗；寓意公羊汽车动感强劲，睿智进取，个性自由，朴实无华，美观大方。

十、吉普：与众不同，具有统治感

1950 年 6 月 13 日，吉普（Jeep）由威利斯-奥弗兰德公司向美国及其他国家注册，最终成为一个国际性的注册商标（见图 3-59）；"吉普" 二字也在中国注册。

1970 年 2 月 5 日，吉普被美国汽车公司（AMC）兼并。1987 年 8 月 5 日，美国汽车公司又被克莱斯勒汽车公司购买。

图 3-58　公羊标志

图 3-59　吉普车标

关于"吉普"这种车名的语源，有几种说法：

在吉普车采购试用中，威利斯公司的订单数量最大，而且开始大批量生产，所以这种车通常称为威利斯万能车（General Purpose Willys），缩写为 GPW，没过多久又缩写为 GP，谐音就是"Jeep"。

另有一种较为流行的说法：早在 1937 年，美国漫画家斯格（E. C. Segar，1894—1938）在他的受到广泛欢迎的关于《大力士水手》珀渼（Popeye）的滑稽戏连环画中，画了一种叫作"吉普尤金"的既像猫又像狗的奇怪动物，它的本领大，"知道所有答案，知过去未来，又能做很多的事，还可以隐形"。吉普尤金喜欢到处乱跑，机智勇敢并且善于应付各种突如其来的险境且屡屡化险为夷。这种虚构的动物，会发出"吉普、吉普"的怪叫。后来，美国陆军的士兵就引用了漫画中这种奇怪动物的名字"Jeep"来形象地命名这种各种路面都能行走、能作多种用途、同时还很结实的敞篷小型军用汽车。

还有传闻说，威利斯的一个试车员曾在华盛顿的新闻发布会上提及将所试车称为"Jeep"。于是，著名记者凯瑟琳·希尔遂在 1941 年 2 月 20 日的《华盛顿每日新闻》上将"Jeep"的巨幅照片赫然登了出来，标题为"Jeep 爬上了国会的台阶"，Jeep 便由此得名。

十一、特斯拉：现代电动汽车的先行者

2003 年 7 月 1 日，硅谷工程师、资深车迷、创业家马丁·艾伯哈德（Martin Eberhard，1960—至今）与长期商业伙伴马克·唐伯宁（Marc Tarpenning，1964—至今）合伙成立特斯拉汽车公司，并将总部设在美国加利福尼亚州的硅谷地区。特斯拉汽车公司是世界上第一个采用锂离子电池的电动汽车公司。

2004年2月，埃隆·马斯克（Elon Musk，1971—至今）向特斯拉投资630万美元，但条件是出任公司董事长、拥有所有事务的最终决定权。

特斯拉（Tesla）的名字命名源自"科学怪才"——塞尔维亚裔美籍发明家、机械工程师、电气工程师和物理学家尼古拉·特斯拉（Nikola Tesla，1856—1943）。他最伟大的成就是1886年发明和创造了交流电系统，并制造出世界上第一台实用的交流发电机，而且在1960年以他的名字命名磁场强度的单位。因此马丁·艾伯哈德以特斯拉为名来命名他的电动汽车，希望这款电动汽车能最终改变人们的未来生活。

特斯拉车标（见图3-60）的主体构形为盾牌形状，内部属于字母和图案组合标志，突出了一个"T"，意为特斯拉。按照特斯拉设计及制造的初衷，车标设计为盾牌形状，意在向消费者传达特斯拉电动汽车秉承的安全驾驶理念，将消费者的人身安全放在了首位。

图3-60 特斯拉车标

第七节 日本汽车

1902年，一位名叫吉田真太郎（Yoshida Shintaro，1877—1931）的自行车行老板到美国采购自行车时，顺便参加了第三届纽约车展。他将一些发动机、变速器和车桥等部件带回日本，准备着手制造汽车。回国后，吉田真太郎很快就建立了汽车商会。不久后，对机械工程颇有研究的内山驹之助加入了该商会，并利用吉田真太郎从美国带回来的部件，于1902年组装出第一辆汽车。直到1907年，他们采用福特A型车的发动机和底盘，制造出日本第一辆汽油机汽车——"太古里号"（Takuri）。从此，现代意义上的汽车在日本诞生，如图3-61所示。

图3-61 日本生产的第一辆汽油机
汽车"太古里号"

1936年，汽车制造行业法正式在日本国内开始实施，日本汽车真正国产化的序幕由此拉开。

1961 年，日本结束了汽车仿制时代，当年日本汽车产量超过意大利跃居世界第五位；1965 年超过法国居第四位；1966 年超过英国升为第三位；1968 年追上原联邦德国居世界第二位。日本在 1956 年的汽车产量仅占世界的 0.9%，可是到了 1980 年，日本的汽车产量达到了 1104 万辆，超过了多年处于冠军宝座的美国而居世界第一。

2018 年，日本生产汽车 969.37 万辆，仍列世界第三位。

> **小贴士**：日本汽车工业的特点：汽车创新、设计、生产技术水平高；以小型汽车生产为主，豪华汽车生产能力不断增强；产能旺盛，国内汽车市场接近饱和，出口优势明显，依赖海外市场。
>
> 日本汽车的特点：兼收并蓄，追求完美，人性化设计，用料精打细算，轻巧省油，简洁实用，善变。

一、丰田：可靠耐用，追求品质和技术

丰田（Toyota）品牌由丰田喜一郎创立。1935 年 8 月，丰田喜一郎完成了一辆试验车 G1；1936 年 6 月，丰田自行设计生产了第一款轿车 AA 型。1937 年 8 月 28 日，丰田汽车公司成立。

丰田汽车标志由 3 个椭圆环形组合构成，如图 3-62 所示。

图 3-62　丰田车标

标志中每个椭圆都是以两点为圆心绘制成的曲线组合，它象征用户的心与汽车厂家的心是连在一起的，具有相互信赖感。

一个纵向椭圆和两个横向椭圆交错，构成一个 T 字，即原标志中 Toyota 的第一个字母，代表着丰田汽车公司；外边的一个椭圆表示地球。

中间的 T 字最大限度地占据了椭圆的空间，充分反映出丰田汽车公司要把自己的技术、产品推向全世界的强烈愿望；突出体现了丰田汽车公司"为生产人们所喜爱的汽车而努力奋斗"的宗旨。

椭圆形与 T 字精密的配合，象征着丰田汽车公司立足未来，对未来的信心和雄心；象征着丰田汽车公司立足于顾客，对顾客的保证；意味着丰田汽车能使顾客称心满足，意味着

丰田技术之高和无穷革新的可能性。

三个外形近似的椭圆巧妙组合在一起，使图案具有空间感，让人感觉到温雅、柔和、亲切，表示了丰田汽车的质量圆满、经营圆满、服务圆满。

二、雷克萨斯：豪华，舒适，品味

1983 年，丰田成立了专门在国外销售豪华车的一个分部——雷克萨斯（Lexus）。第一辆雷克萨斯是 1989 年在底特律车展上推出的。

Lexus 的读音与英文 Luxury（豪华）和 Excellence（卓越）相近，使人很容易联想到该车是豪华轿车。

雷克萨斯以前的中文名为凌志。2004 年 6 月 8 日，丰田公司宣布"凌志"中文名改为"雷克萨斯"，也就是用 Lexus 的音译名字。

雷克萨斯使用的车标（见图 3-63）是在椭圆（注意：外面的椭圆并未封口）内只有一个字母 L。椭圆代表着地球，表示雷克萨斯汽车将遍布全世界；一个开放式的椭圆，象征着公司不断地取得技术进步和面临的无限机会；字母 L 出自车名 Lexus。

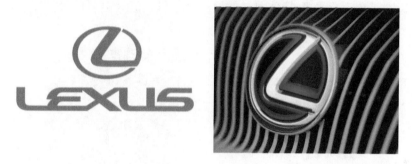

图 3-63　雷克萨斯车标

三、斯巴鲁：富有朝气的，动感的，优雅的

斯巴鲁（Subaru）原隶属富士重工业公司旗下的一个汽车品牌。

1953 年，原富士重工业公司兼并了富士工业、富士汽车工业、大宫富士工业、宇都宫车辆、东京富士商业 5 家公司，富士重工有限公司正式成立，投身汽车的研发行列。

2008 年 6 月 28 日，丰田汽车公司拥有了富士重工有限公司 16.7% 的股份，并成为其最大的股东，因此斯巴鲁成了丰田旗下的品牌。

斯巴鲁在汉语里即"昴星"的意思。昴星在日本语的发音为"斯巴鲁"——统治、荟萃的意思，代表着富士重工属下多个企业的合作。

斯巴鲁车标（见图 3-64）图形是一个蓝底椭圆，中间的 6 颗闪闪发光星是牧牛星座昴宿星团中的 6 颗闪亮的星星。前者以速度感，象征飞跃发展的斯巴鲁；后者一颗大星后面闪烁着的 5 颗小星，表示斯巴鲁是合并其他 5 家公司后组建而成的，象征公司间的紧密团结，共同奋进精神。

四、大发：低成本，可靠质量

1907 年 3 月 1 日，在日本的池田大发町创建大发发动机制造株式会社，1930 年生产

图 3-64 斯巴鲁车标

机动三轮车，1937 年开始生产汽车。1951 年改名为大发工业株式会社，主要生产微型汽车。

1998 年，大发公司被丰田收购，成为丰田控股的子公司。

大发之名取自该公司的前身——大阪发动机制造公司的所在地"大阪"和主要产品"发动机"两词；而"大发"在当时崇尚中文的日本又有着"大大发展""大大发财"之意。

大发车标（见图 3-65）取其公司名的第一个字母，流线型字母 D，记录着公司的向上发展，象征"永葆青春"的大发企业。

图 3-65 大发车标

五、本田：动感豪华流畅，人车环境协调

1946 年，本田宗一郎（Soichiro Honda，1906—1991）创建本田技研工业公司（即本田汽车公司），开发摩托车及其发动机。

1962 年，本田汽车公司首次在日本汽车展览会上展出了 T360 微型载货车和 S360 轿车，本田汽车公司从称雄世界的摩托车上扩展到了轿车。1963 年 6 月开始正式生产汽车。

本田的"H"标识（见图 3-66）源自三弦（三味线）音箱外形，"H"体现出技术创新、团结向上、充满活力、职工完美和经营坚实的特点，还有紧张后可以放松一下的轻松感；同时体现出本田公司年轻性、技术先进性等新形象。

六、讴歌：豪华的，时尚的，精确、精致和精湛的

1986 年，本田汽车公司在北美创立了讴歌（Acura）品牌，开始投放高档次、运动型的产品。1986 年 3 月 27 日，开始在美国销售讴歌汽车。

2006 年 9 月 27 日，讴歌汽车首次在中国销售，这是讴歌创立 20 年来首次挺进北美以外的市场。

图 3-66　本田车标

讴歌（Acura）名称源自拉丁文的"acu"，意即精细加工或精湛的加工工艺。其车标是英文字母 A 的变形，代表 Acura，而 Acura 的本意就是"精确"；与母公司本田汽车公司的标志 H 也有相似之处；又犹如一把专门用于精确测量的卡钳，象征着精确、精致和技术先进。"精湛工艺打造卓越性能"，寓意讴歌汽车将提供豪华车的良好性能和坚固耐久的可靠性，如图 3-67 所示。

图 3-67　讴歌车标

七、日产：人机工程优异，个人风格突出

1933 年 12 月 26 日，由日本产业公司和户田铸造公司（即 DAT 公司）合资成立汽车制造股份公司，从此开始批量生产汽车。

在 1934 年 5 月 30 日举行的第一届定期股东大会上，汽车制造股份公司更名为日产汽车有限公司。

日产汽车早期的品牌名是达特桑（Datsun）。

日产（Nissan）标志的最大特点是突出国家形象。Nissan 是日语"日产"的罗马字母，是日本产业的简称，其含义是"以人和汽车的明天为目标"。

日产标志（见图 3-68）是将写有"NISSAN"的蓝色横幅放在一个火红的太阳上，太阳又是日本国旗图样；蓝色贯穿红色的太阳象征着天空。红色图形象征着"东方的旭日与诚心"，蓝色横幅代表"贯穿至诚的太阳"，红日和蓝天合起来象征日产公司的事业蒸蒸日上。

车标简明扼要地使公司名称和所在国家的形象给予突出，在企业商标文化中独树一帜。

现在的日产车标，已将"红太阳"简化为一个银色的圆圈了。

图 3-68　日产车标

八、英菲尼迪：惊艳，隽雅，激情，动感

1989 年 11 月 8 日，日产发布豪华车品牌英菲尼迪（Infiniti）。凭借独特前卫的设计、出色的产品性能和贴心的客户服务，英菲尼迪迅速成为北美豪华车市场最重要的品牌之一。2006 年 11 月 2 日，英菲尼迪汽车正式登陆中国内地。

Infiniti 意为"无限"，所以该品牌正式进军中国前曾意译为"无限"。

英菲尼迪是一个将宁静体验、细腻设计和驾乘乐趣相结合的独特品牌，是日产着力打造的"最感性的豪华汽车品牌"。

英菲尼迪车标（见图 3-69）的椭圆形曲线意为一条无限延伸的道路，象征向全世界扩张之意；两条直线则代表通往巅峰的道路，象征英菲尼迪汽车永无止境的追求、最高的客户满意度和无限美好的前景。

图 3-69　英菲尼迪车标

九、三菱：舒适，实用，可靠

1870 年 5 月 13 日，三菱集团的创始人岩崎弥太郎（Iwasaki Yataro，1834—1885）在土佐藩（现高知县）设立九十九商会。1872 年 1 月，岩崎弥太郎将九十九商会改称为三川商会。1873 年的 3 月，又改称为三菱商社。1884 年，岩崎弥太郎租借官方经营的长崎造船厂，此后发展成为三菱造船厂。1934 年，三菱造船厂更名为三菱重工业公司。

1917 年，三菱重工业公司的前身三菱造船厂生产出日本第一辆轿车三菱 A 汽车。这辆车也是全日本首辆量产型汽车。

1970 年 4 月 22 日，三菱汽车生产事业部从三菱重工业公司脱离，正式成立三菱汽车工业有限公司，成为日本最年轻的生产汽车的公司。

2016 年 10 月 20 日，日产汽车宣布，日产汽车向三菱汽车出资 34%，表明已完成对三菱汽车控股股权的收购。

三菱汽车的标志是菱形钻石，它在英语中的意思就是三颗钻石。钻石是晶体结构中最完美的组合，而菱形是钻石切割技艺的巅峰挑战。以菱钻来勾勒三菱汽车的造车理念，是一种表象手法，如图 3-70 所示。

三菱的三个菱形标志的官方解释：为推动"技术的三菱"的企业形象，特别强调三菱的创业精神，即"承担对社会的共同责任，诚实与公平，以及通过贸易促进国际谅解与合作"，而以三个菱形来表征这三位一体的创业理念，让三菱企业的所有员工身体力行，使企业传诸久远，永续经营。

十、马自达：时尚的，生机勃勃的，不随波逐流的

1921 年 3 月，松田重次郎（Jujiro Matsuda，1875—1952）接手东洋软木工业公司，主要产品为用于保温热水瓶的软木塞及电冰箱零部件等。

1927 年，东洋软木工业公司改为东洋工业公司，开始生产凿岩机、机床等。

1931 年，东洋工业公司首次生产 DA 型三轮商业用车，从此涉足汽车制造业。

1984 年，东洋工业公司改名为日语"松田"的音译英文名——马自达汽车公司，生产的汽车品牌也称为马自达（Mazda）。

马自达车标（见图 3-71）整体以椭圆形为轮廓，中间最引人注目的是一对伸展的翅膀形状；另外这个翅膀与两旁椭圆轮廓组成了一个"M"字，代表了 Mazda 品牌的首字母，寓意飞翔中的双翅，"透过自身坚持不懈地改革，勇往直前、不遗余力地发展"，象征着马自达腾飞的未来——飞向那不断技术突破、追求持续增长和进步的未来，以无穷的创意和真诚的服务，勇闯车坛顶峰；最外面动感的圆环，象征马自达准备好了迎接 21 世纪的挑战。马自达对它的解释是：使命感、亲切感、创造性、灵敏性。

图 3-70 三菱车标　　　　　　　　　　　　图 3-71 马自达车标

十一、铃木：多彩生活建议

1909 年 10 月，铃木道雄（Michio Suzuki，1887—1982）在日本静冈县滨名郡创建铃木织机制作所。1952 年，在自行车上加装发动机，从此涉足摩托车工业。1954 年改称铃木汽车公司。1955 年，第一辆铃木轿车问世。

铃木车标（见图 3-72）是用铃木道雄姓氏日语中外来语"SUZUKI"的第一个字母

"S"设计而成。铃木标志图案中的"S"设计给人以有无穷力量的感觉，象征着无限发展中的铃木。

图 3-72　铃木车标

第八节　韩国汽车

　　1955 年 8 月，韩国的汽车技师崔沐星，联合他的两个弟弟崔汉星和崔漱星一起用美军二手吉普车改制为越野车的生产，这款车名叫"斯柏"（Sibal，意思为"新的开端"）。该车安装了韩国制造的发动机，排量为 1323mL，两个车门，装有三速变速器，最高车速为80km/h，自制率达到 50%。这可以说是韩国生产乘用车的起源，如图 3-73 所示。

图 3-73　韩国生产的第一辆乘用车斯柏

　　韩国真正意义上的汽车生产始于 1962 年 8 月，韩国与日本日产汽车进行技术合作，将日产蓝鸟以组装进口零部件生产整车的方式进行生产。

　　20 世纪 80 年代，韩国汽车工业异军突起，掀起了第三次世界汽车工业浪潮，改变了世界汽车工业的格局。1988 年，韩国国内汽车产量已经超过 100 万辆。1994 年，韩国生产汽车 231.2 万辆，成为世界第五大汽车生产国。2000 年至 2015 年，韩国汽车产量一直为世界第五位。2018 年，韩国汽车产量为 411.49 万辆（印度汽车生产量为 478.28 万辆，位列世界第五位），退居世界第六位。

　　现在，韩国的 9 家汽车生产企业通过兼并或转让，大宇卖给了美国通用及印度塔塔，双龙卖给了印度马恒达，三星卖给了法国雷诺，实际上韩国只剩下现代-起亚一家大公司。

> **小贴士**：韩国汽车工业的特点：重视自主开发能力的培育，走集团化发展的道路，出口导向，全球化经营，发展快，厂家少，产量高，出口多。
>
> 韩国汽车的特点：朴实，注重实用，价廉。

一、现代：实用的，经济的，创新的

1967 年 12 月，郑周永（Chung Ju-yung，1915—2001）在蔚山市创建现代汽车公司，正式向汽车工业进军。

现代汽车标志在椭圆中有一个斜花体字母 H，是现代英文名（Hyundai）的首字母，如图 3-74 所示。标志首先体现了"2000 年在世界上腾飞的现代汽车公司"这一概念，其次还象征现代汽车公司在和谐与稳定中发展；同时，标志又是两个人握手的形象化艺术表现，代表现代汽车公司与客户之间互相信任与支持。标志中的椭圆既代表汽车的转向盘，又可以看作是地球，与其

图 3-74　现代车标

间的 H 结合在一起恰好代表了现代汽车遍布全世界的意思。

二、捷恩斯：更为运动化的豪华车

2007 年，现代推出捷恩斯（Genesis）豪华车型。Genesis 的意思是"创始，起源"，这也意味着捷恩斯是现代汽车迈向高端车市场的一个标志性车型。

2008 年 9 月 23 日，现代在中国市场推出了捷恩斯（又译为劳恩斯），其英文名字改为 Rohens。Rohens 是 Royal（皇家）和 Enhanced（增强）的合成词，代表着尊贵和超越。

捷恩斯车标是一个飞翔的翅膀和六角形盾牌。Genesis 和 Rohens 的车标基本相同，如图 3-75 和图 3-76 所示。捷恩斯车标中间六角形的盾牌上有车名，左右银色的翅膀形象地体现了捷恩斯拥有动感设计和优越性能，并彰显了捷恩斯力争上游的气势。

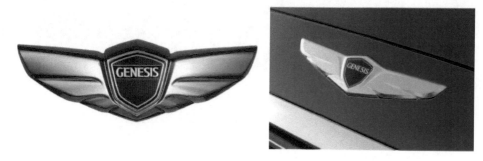

图 3-75　捷恩斯老车标（2007—2015 年）

2015 年 11 月 4 日，现代汽车宣布将原先的高档子品牌捷恩斯设立为独立的全球豪华车

图 3-76　捷恩斯（Rohens，又译为劳恩斯）中国版车标

品牌；同时发布了新的品牌标志，如图 3-77 所示。新标志沿用目前捷恩斯轿车的飞翼式，只是在现有标志的基础上进行了一些小的改动。

三、起亚：运动的，时尚的，有价值的

起亚（Kia）创建于 1944 年 12 月。1962 年开始生产三轮汽车 K360，1971 年开始生产四轮汽车，是韩国最早生产汽车的企业。1974 年第一辆采用汽油机的轿车布里萨（Brisa）诞生。

1976 年，起亚收购了韩国亚细亚汽车公司。1990 年 3 月，公司正式改名为起亚汽车公司。1998 年底，现代汽车公司收购了濒临破产的起亚汽车公司，但起亚公司仍独立运作。

起亚的名字源自汉语："起"（KI）代表起来，"亚"（A）代表亚洲（Asia），"起亚"就是"起于东方"或"起于亚洲"。起亚代表亚洲的崛起，也反映了起亚的胸襟——崛起亚洲，走向世界。

起亚标志（见图 3-78）是由亮红的椭圆、白色的背景和红色的"KIA"字样组成，给人更加鲜活、年轻及富有活力的品牌形象。椭圆形象征地球，代表起亚汽车活跃在世界舞台上，在世界各地运行着；红色充满太阳的激情，象征着起亚汽车充满活力和进取精神。

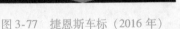

图 3-77　捷恩斯车标（2016 年）　　　　　　　　图 3-78　起亚车标

四、双龙：气派的，开放的

1954 年 3 月 4 日，韩国河东焕汽车制作所成立。

1963 年，河东焕汽车制作所与东本汽车公司合并，成立河东焕汽车工业公司。最初是为美军生产吉普车，同时生产载货汽车和公共汽车。1976 年，开始生产重型商务车和特殊用途车辆。

1977 年，河东焕汽车工业公司改名为东亚汽车公司。

1986 年，东亚汽车公司改名为双龙汽车公司，成为专业四轮驱动运动型多用途车的制造商。

1997 年，大宇汽车收购双龙汽车，但后因大宇财团出现财政问题又于 2000 年被出售。2004 年，上海汽车工业（集团）总公司控股双龙汽车。

2011 年 3 月，印度最大的拖拉机生产商马恒达集团收购了双龙汽车公司。

"双龙"命名取意中华民族乃至亚洲众多民族所信奉的万灵之长，象征着神圣和威严，充分体现了领袖的王者霸气，诠释了双龙所一贯秉承的专业 SUV 领域，创新世界先进技术，引领业界超前设计，全新打造世界级高品质汽车的矢志决心与永恒信念。

双龙标志（见图 3-79）为一只拥抱大地并向天空展翅翱翔的飞龙形象，又似磅礴之姿面向天空展翅欲飞。标志蕴含着更强悍的力量感，与双龙品牌主张"世上无难路，只要有双龙"的气势默契呼应；而且标志更具美感，透射着强烈的现代感与时尚气息，具有更佳的易识别性。

图 3-79 双龙车标

双龙标志展现了更开放的姿态，显得愈加自信，反映了双龙汽车在世界汽车工业中取得的卓越成绩和广受尊敬的专业地位；同时展现双龙汽车越来越强劲的发展空间，与时不我待、翱翔九天的迫切之心。寓意以"世界级 SUV 专家"的专业积累"拥抱"全球汽车市场，让世上所有"难路"皆因双龙 SUV 而化崎岖为坦途。

第九节 中国汽车

我国的第一辆汽车由辽宁迫击炮厂制造。

1929 年 2 月，张学良将军拨款 70 万元给辽宁迫击炮厂的民生工厂，作为国产汽车的试制和生产费用。经过两年多的时间，1931 年 6 月 19 日，民生工厂制造出了第一辆载货汽车，由张学良取名为"民生"，如图 3-80 所示。民生牌 75 型载货汽车是自行设计的，发动机、后轴、电气装置和轮胎等汽车部件均委托国外专业厂依照民生工厂自行设计的图纸加工。民生牌 75 型载货汽车为长头，采用六缸水冷 48kW（65 马力）汽油发动机，前后轮距为 4.7m，前后四轮均为单胎，最高车速为 65km/h。该车共有 666 种共 1750 个零部件，自制件为 464 种。由于"九·一八"事变,民生工厂最终毁于一旦。

图 3-80　民生牌 75 型载货汽车

中国汽车工业的建立是以长春第一汽车制造厂的建成投产为标志的。

1953 年 7 月 15 日,在长春举行了隆重的第一汽车制造厂奠基典礼。经过建设者的艰苦努力,在原来的荒郊野地上真正建成了中国历史上的第一座汽车厂。

1956 年 7 月 13 日,长春第一汽车制造厂制造出中国第一辆汽车——解放 CA10 载货汽车,如图 3-81 和图 3-82 所示。1956 年 7 月 14 日建厂 3 周年之际,总装线上开下了首批试装的 12 辆解放牌载货汽车;8 月 21 日,10 辆崭新解放牌汽车在雄伟壮观的天安门广场上亮相。1956 年 10 月 15 日,一汽正式投产,结束了中国不能生产汽车的历史,为汽车工业独立发展奠定了基础。

图 3-81　第一辆国产解放 CA10 汽车下线

图 3-82　解放 CA10 载货汽车

目前,中国已经建立了比较完整的汽车工业体系,汽车工业发展迅猛,汽车产销量不断攀新高。1993 年汽车产量突破百万辆,达到 130 万辆;1998 年生产汽车为 167 万辆,进入世界第十位;2006 年产量达到了 727.97 万辆(销售 721.6 万辆),超过德国而位居世界第三位。2009 年,中国汽车产销分别完成 1379.10 万辆和 1364.48 万辆;其中,乘用车生产 1038.38 万辆,销售 1033.13 万辆。中国以 300 多万辆的优势,首次超越美国和日本,成为世界汽车产销第一大国。2018 年,中国汽车产量为 2901.54 万辆,连续 10 年位列世界第一。

小贴士：中国汽车工业的特点：汽车产业高速发展，汽车厂家多，汽车品牌多但影响力小，缺乏著名品牌，大量引进了国外技术和外资，自主开发、设计能力弱，生产技术水平不高，汽车出口量小。

中国汽车的特点：轿车多为引进，风格各异，三厢车型多；载货汽车外形朴实而具粗线条；讲究实用性。

一、一汽/解放：永远追求第一

1956 年 7 月 13 日，长春第一汽车制造厂制造出新中国的第一辆汽车——解放 CA10 载货汽车。

解放牌汽车的名称来历有两种说法。一种说法是，原第一机械工业部的领导讨论了很长时间，有的提出了叫"前进"，有的提出叫"胜利"，还有的提出来叫"解放"，这几个名字写成了报告，专门送给毛主席，当时毛主席看了这个报告以后，沉思了一会儿就说，还是叫"解放"吧，然后拿起笔来，在"解放"两个字上画了个圈，从此就有了"解放"这个名字；另一种说法是，解放名字是由朱德委员长提议的，朱老总的意见是，我们的部队既然叫解放军，那么我们生产的第一辆车也叫"解放"吧。无论"解放"到底是谁定的，这两个字却是毛主席的手迹（《解放日报》报头题字），如图 3-83 所示。

图 3-83 最早的解放车标

一汽标志（见图 3-84）是将阿拉伯数字"1"和汉字"汽"巧妙布置，构成一只展翅雄鹰的图案。取第一汽车厂中"一汽"为核心元素，经组合、演变，构成"雄鹰"视觉景象。寓意一汽汽车搏击长空、展翅翱翔；一汽是中华民族汽车工业腾飞的翅膀，寓示中华民族汽车业将屹立于世界强国之林；它既代表不断进取、展翅高飞的中国一汽精神，又表达了中国汽车工业冲出国门、走向世界的决心。

图 3-84 一汽车标构成一只展翅雄鹰的图案

数字"1"也寓意"第一车"：新中国成立以后第一个汽车制造厂；追求质量第一，追求产品第一，追求效益第一，追求用户第一；第一伙伴，做用户的朋友；第一追求，追求完美，永无止境。

二、东风/风神：现代，品质，科技，国际

1969年9月1日，一个建设纲领为3个基本车型、年产10万辆汽车的我国最大的汽车制造厂正式开工兴建。1970年11月13日，国务院正式定名为第二汽车制造厂（简称二汽）。

1975年6月15日，二汽第一个基本车型东风2.5t越野汽车开始生产；1978年7月15日，东风5t载货汽车投入批量生产。

1975年11月18日，经国务院批准，二汽所产汽车的品牌名由"解放"更改为"东风"。1992年9月1日，第二汽车制造厂更名为东风汽车公司。

1982年2月20日，经国家工商行政管理局批准，东风汽车的商标名定为"风神"；"双飞燕"图形商标注册。出口汽车的车名为"Aeolus"（风神），风神在世界大多数国家被视为吉祥和美好的象征。

东风风神车标（见图3-85），以艺术变形手法，取燕子凌空飞翔时的剪形尾羽作为图案基础，采用了夸张、含蓄的表现手法，主要含意是双燕舞东风。它格调新颖，寓意深远，使人自然联想到东风送暖，春光明媚，神州大地生机盎然，给人以启迪，给人以力量。二汽的"二"字寓意于双燕之中；圆环又象征人类居住的地球；戏跃欢飞的春燕，象征二汽生机勃勃，还象征着汽车车轮不停地旋转，奔驰在祖国大地，冲出亚洲，奔向世界。

图3-85 东风风神车标

东风的双飞燕标识，形象地寓意了东风人的精神和品质。燕子是春天里最常见、也最具亲和力的飞鸟，能够翱翔万里，不怕狂风暴雨，矫健、灵智、勇敢、顽强，体现了东风人为发展中国汽车工业自强不息、进取不止、锲而不舍的精神。

三、五菱：品质驱动生活

2002年11月18日，上汽通用五菱汽车股份有限公司正式挂牌成立，是由上海汽车集团股份有限公司、通用汽车（中国）公司、柳州五菱汽车有限责任公司三方共同组建的中外合资汽车公司，其前身可以追溯到1958年成立的柳州动力机械厂。

五菱汽车标志（见图3-86）由五个鲜红的菱形组成，形似鲲鹏展翅，雄鹰翱翔，给人以强烈的"起飞、腾飞"印象；其上升、腾举之势，寓意企业的飞翔，象征着五菱的事业

不断发展。五个菱形组成了字母"W"，与"五"拼音首个字母相吻合。整体红色，左右对称设计，象征饱满的热情和吉祥之光。

图 3-86　五菱车标

四、长安：美誉天下，创造价值

长安是我国第一家兵工企业。它发端于 1862 年"洋务运动"的上海松江，成型于抗战时期的江苏南京，成长壮大于山城重庆，兴旺发达于改革开放。

1982 年，原长安机器厂试制微型汽车，次年投产。1996 年，重庆长安汽车股份有限公司成立。2009 年 7 月 1 日，更名为长安汽车集团股份有限公司（简称"长安汽车集团"）。长安汽车集团目前拥有长安、哈飞、佳跃等自主汽车品牌。

长安品牌又拆分为三个标志。

1）长安商用车（微车）标志图形以天体运行轨迹——椭圆为基础，捕捉"长安"汉语拼音"CHANG AN"中"C""A"两个关键发音字母作为其造型设计的基本元素，经过抽象、组合，变形而成一个永恒运行的天体、一个攀升的箭头、一个精致的转向盘，又如一辆轻巧的汽车奔行于阡陌纵横的公路之上。标志图形颇似"安"字，椭圆与圆弧、圆弧与圆弧交相呼应，环环相扣，象征公司员工团结、齐心协力，多元发展的方向。标志简洁、紧凑、圆润、流畅，极具现代感、韵律感和力量感，动静相宜，刚柔并济，圆满之中有突破，给人以活力、高效和奋发向上之感，寓意长安汽车锐意进取、积极创新、勇往直前，如图 3-87 所示。

图 3-87　长安商用车（微车）标志（左为旧标志，右为 2016 年新标志）

2）长安轿车标志（见图 3-88）创意来自于抽象的羊角形象，充分体现了长安汽车在中国汽车行业"领头羊"的地位。融合、聚集的感觉强烈，表明长安汽车整合多方资源，团队紧密合作，应用发展创新的经营理念和"自强不息、铸造经典"的战略目标。

图 3-88　长安轿车车标

车标形似直立欲飞的翅膀形象,象征一种气势,一种信念以及高瞻远瞩、放眼未来的人生态度。罗马数字中"V"代表5,而"5"在中国文化中主要体现为"五行学说",即金木水火土形成一个完美的链条,体现其各方面紧密默契配合,动力源源不断的内涵。

内圈小方圆寓意我们生存的地球;大方圆围绕蓝色地球,寓意长安行天下;蓝色主背景表达了长安汽车科技、绿色的发展理念。

这个标志以"V"为核心创意表现,雄浑刚健的"V",好似飞龙在天,龙首傲立于蓝色地球之上;同时又是 Victory(胜利)和 Value(价值)的首字母,代表着长安汽车致力于打造世界一流企业的战略愿景和为消费者与股东创造价值的企业责任感。刚柔并济的"V",也恰似举起的双手,传递出长安汽车科技创新、关爱永恒的价值追求。

3)金牛车标。2010年11月16日,长安微客"金牛星"正式上市,这款微型商务车是首款悬挂长安商用车金牛车标的车型,如图3-89所示。

金牛车标,方正红色钢质板面上的金牛肥壮健硕,蓄势待发,静中有动;静有伏牛从容之姿,动则具金牛腾挪之势,与整个微车的气质完美融合。

图 3-89　长安商用车金牛车标

金牛车标寓意金牛星秉承以客户需求为导向,以实实在在的服务精神为榜样,领跑微车新时代;奋进的公牛,寓意着"力量、进取、勤劳、可靠、勇于挑战、吉祥";红色代表激情与斗志。

五、北汽:融世界,创未来

2010年9月28日,北京汽车股份有限公司(BAIC Motor)(简称北汽)正式挂牌,由北京汽车集团有限公司为首的六家大型企业发起组成。公司以北京汽车制造厂为主体,打造北京自主品牌乘用车、中低端 SUV 和军用轻型越野车生产基地。

2010年8月9日,北汽正式展示了全新标识(见图3-90)。在新的标识中,原来的"北"字被简化成两个门把手,意为敞开的两扇大门;标识的外部轮廓为椭圆形。新品牌标志图形外圆内方,是中国天圆地方传统思想的形象化。

一个"北"字显示出北汽的渊源,既是千年古都印下的历史胎记,又是魅力北京这座

图 3-90 北汽车标

世界城市的开放姿态。"北"代表北京，"北"代表北汽集团，体现出企业的地域属性与身份象征。

"北"字好似一个欢呼雀跃的人形，表明了"以人为本"是北汽集团永远不变的核心。它传承与发展了北汽集团原有形象，呈现出一种新的活力，表达了北汽集团立足北京，放眼全球的远大目标。

"北"字犹如两扇打开的大门，这门传承了历史的厚重，秉承了社会赋予的责任，开放与包容是北汽与生俱来的血脉。它是北京之门、北汽之门，它是开放之门、未来之门，标志着北汽集团更加市场化、集团化、国际化，与集团全新的品牌口号"融世界创未来"相辅相成，表示北汽集团将以全新的、开放包容的姿态启动新的品牌战略。

"北"字像一个有力的臂膀，富于张力。它是北汽作为北京汽车工业支柱的写照，彰显着北汽集团打造中国自主品牌重任的坚定信心与实力。

六、重汽：中国重型汽车的先锋

中国重汽集团前身是原济南汽车制造总厂，始建于 1935 年，于 1956 年开始自主研发设计制造汽车，1960 年 4 月 15 日试制出了中国第一辆重型汽车——黄河 JN150 型重型汽车，结束了中国不能生产重型汽车的历史。

2001 年 1 月 18 日，改革重组后的中国重汽正式成立。

中国重汽标志图案（见图 3-91）以汽车转向盘和三块基石为设计元素，象征着中国重汽是中国重型汽车的发源地，是中国重型汽车的稳定基石。

CNHTC 为"中国重汽"英文缩写；国外市场注册了一个 Sinotruk（意为中国载货汽车）商标名。

图案颜色为红色与金黄色的组合。红的底色代表着中国重汽的基础是广大的用户和经销改装合作单位；金黄色标志代表着中国重汽与用户、经销改装合作企业一起支持、烘托着中国重汽的发展，和谐共赢，事业蒸蒸日上，不断创造新的辉煌。

图 3-91　中国重汽标志（左图为 2015 年前的老标志）

七、奇瑞：技术，品质，理性，信赖

1997 年 1 月 8 日，奇瑞汽车公司成立；1997 年 3 月 18 日动工建设；1999 年 12 月 18 日，第一辆奇瑞轿车下线。

"奇"有"特别"的意思，"瑞"有"吉祥如意"的意思，合起来就是"特别地吉祥如意"。

"CHERY"是英文单词 CHEERY（中文意思为"愉快、欢呼、兴高采烈"）减去一个"E"而来，表达了企业努力追求、永不满足现状的理念。

2008 年 3 月 24 日，公司正式更名为奇瑞汽车股份有限公司。

奇瑞新车标（见图 3-92）是在原有标志（见图 3-93）基础上进行了改进，这也是为了能够让国内消费者重新认识奇瑞品牌而做的努力。奇瑞新车标以一个循环椭圆为主题，由三个字母"C""A""C"组成，是 Chery Automobile Company（奇瑞汽车公司）的缩写。

循环椭圆，喻示奇瑞汽车向专注技术、注重品质、依靠科学体系和国际标准流程的战略转型。中间镶有钻石状立体三角形，主色调银色代表着

图 3-92　奇瑞新车标

质感、科技和未来。钻石形构图，代表了奇瑞汽车对品质的苛求，并以打造钻石般的品质作为企业坚持的目标。蓬勃向上的人字形支撑，则代表了奇瑞汽车执着创新、积极乐观、乐于分享的向上能量，支撑起品质、技术、国际化的奇瑞汽车不断前行；同时，人字形代表字母"A"，喻示奇瑞汽车追求卓越和领先的决心和激情。

图 3-93　奇瑞曾使用过的车标（左为 1999～2008 年，右为 2008～2015 年）

八、吉利:"造老百姓买得起的好车"

吉利控股集团有限公司始建于 1986 年 11 月 6 日。1994 年 4 月开始生产摩托车;1997 年开始生产汽车。1998 年 8 月 8 日,第一辆吉利轿车在浙江省临海市下线。2001 年 11 月 9 日,吉利车型登上国家产品公告,吉利成为中国首家获得轿车生产资格的民营企业。

吉利品牌新标志(见图 3-94)以原帝豪标志为基础,融入了原有吉利标志(见图 3-95)的蓝色,寓意着吉利品牌集聚既往精华,在演进中获得新生。

图 3-94 吉利车标(2014 年)

图 3-95 吉利曾使用过的车标(1998~2014 年)

这一造型的灵感来自于"健康男性的六块腹肌"。六个方格就像男人的腹肌,代表了年轻、力量、阳刚和健康,预示着全新的吉利汽车年轻、充满活力、动力强劲、积极向上,将继续保持活力和奋进。

盾形形状表达了安全和信赖,蕴含着吉利自创始至今所承载的"安全呵护与稳健发展"的品牌特征。

宝石代表永恒的品质,蓝色代表洁净的天空,黑色寓意广阔的大地;双色宝石组合,象征吉利汽车驰骋天地之间,走遍全世界。

九、中华:自强,自主,自立

华晨汽车集团控股有限公司(Brilliance Auto Group,简称"华晨汽车集团"),是 2002 年设立的国有独资公司,总部坐落于沈阳市。

2000 年 12 月 16 日,第一辆中华轿车下线。

中华车标(见图 3-96),既像一个"中"字,形状又像一个奖杯。"中"字的艺术化造型,是小篆演变过来的一个"中"字;外加圆环,显示"天圆地方"的寓意,也体现了中华传统文化的底蕴,同时具有 21 世纪风范与东方韵味和意念的高超结合。

中华轿车标志体现了"中华智慧,世界精华;勇敢创新,服务中国大众"的品牌理念。坚持中国自主品牌汽车发展之路,以全球资源打造民族自主品牌,并将驰骋全球。

图 3-96 中华车标

车标鲜明的特点是"洋为中用"的民族特色,与简练的设计相得益彰,交相辉映;中正典雅,美观大方,给人以气质高雅、卓尔不凡的视觉感受。

十、长城:专注,专业,专家

长城汽车股份有限公司的前身是长城工业公司,成立于 1984 年,主要从事改装汽车业务;1991 年开始以生产轻型客货车为主。2000 年初重组国有企业华北汽车制造厂,成立保定长城华北汽车有限责任公司。

长城新车标(见图 3-97)造型保持了原来长城老车标(见图 3-98)的椭圆形整体结构,椭圆底部的盾形长城烽火台,整体外观形似汉字"中"。

图 3-97 长城车标   图 3-98 长城老车标(2008 年前)

新车标由两个对放字母"G"组成"W"造型,"GW"是长城汽车(Great Wall)的英文缩写。椭圆外形是地球的形状,象征着长城汽车不仅要立足于中国,铸造牢不可破的汽车长城的企业目标,更蕴含着长城汽车走向世界,屹立于全球的产业梦想。长城汽车是中国的长城,更是融入世界的长城!

中间凸起的造型是仰视古老烽火台 90°夹角的象形,被正中边棱平均分割,挺立的姿态酷似"强有力的剑锋和箭头",象征着长城汽车蒸蒸日上的活力,寓意着长城汽车敢于亮剑,无坚不摧;凸起部分也象征着立体的"1",表明企业勇于抢占制高点,永远争第一的企业精神。

十一、比亚迪:成就人类共同梦想

2003 年 1 月 22 日,"电池大王"比亚迪正式入主西安秦川汽车公司(生产福莱尔微型轿车),致力于燃油汽车、电动汽车和混合动力汽车的研发与生产。比亚迪公司成立于 1995

年2月。

比亚迪名称来源于比亚迪电子公司名称。作为"新能源汽车探路先锋"，BYD将"成就人类共同梦想"。

比亚迪车标（见图3-99）给人一目了然的感觉，简洁、醒目，而浅色调的设计体现了其"自然、和谐"的主题，给人一种别样的舒适感觉。安置在汽车上的金属标志为纯银色金属质感，突出了比亚迪汽车的创新科技和企业文化精髓。外形上沿用了早先的椭圆形外框，保留了品牌形象的亲和力。核心部位由比亚迪的英文缩写"BYD"变形字体构成，代表比亚迪"Build Your Dreams"的宏伟愿景。

图3-99 比亚迪车标

比亚迪车标与比亚迪集团标志一脉相承，和谐统一，也充分体现比亚迪汽车的创新科技和企业文化精髓。

 技能训练与实践活动

1. 制作汽车文化展板，组织一次汽车文化活动。
2. 上网查找列出教材以外的10种中国自主品牌汽车标志的图案及其含义。
3. 上网查找列出上一年汽车产量前10位的国家、公司、品牌和车型。
4. 讨论：汽车品牌标志的重要性体现在哪些方面？
5. 讨论：为什么美国汽车品牌不断减少，中国汽车品牌却不断增多？

第四章

汽车比赛

从某种意义上说，从汽车诞生后的百余年来，汽车技术得以发展，很大程度是依仗各种汽车比赛对汽车所做的大量试验。汽车比赛，不仅是赛车手勇气、驾驶技术和智慧的竞争，在其背后还进行着各大汽车公司之间科学技术和经济实力的竞争。

国际汽车联合会（简称国际汽联）（FIA）认为正式汽车比赛的诞生日为1894年7月22日，由法国《小人物》杂志的新闻负责人皮埃尔·吉法尔在巴黎举办的汽车比赛。从巴黎到鲁昂，赛程为128km（80mile），登记参加竞赛的汽车有102辆，结果只有9辆到达终点。经过6h 48min，艾伯特·戴狄安（Albert de-Dion，1856—1946）驾驶蒸汽汽车获得了第一名，平均速度约19km/h。可是，当时的裁判认为他们使用的蒸汽汽车不符合比赛关于"实用型不用马牵引的马车"的规定，并搭载了蒸汽机锅炉工，成绩被取消。最后，晚到3.5min、驾驶标致（Peugeot）"3马力"汽油汽车的乔治·雷莫特得到了冠军。冠军赢得的是1瓶香槟和2个熟鸡蛋。

现在，汽车比赛的形式很多。按参加对象分，有业余和专业两种；按比赛场地分，有赛车场跑道赛、公路赛、山地赛和创纪录赛四大类；按主办单位组织分，更是不胜枚举，仅国际汽车联合会组织的汽车比赛就有三十多项，其中最为著名的赛事有世界一级方程式锦标赛（F1）、世界汽车拉力锦标赛（WRC）、世界汽车耐力锦标赛（WEC）、达喀尔汽车拉力赛（The Dakar）、世界房车锦标赛（WTCC）、电动方程式赛车（FE）和直线竞速锦标赛（Drag-Racing）等。在北美，车迷们更加钟情于纳斯卡（NASCAR）、印第车赛（IndyCar）等一系列独立的汽车赛事。图4-1为美国纳斯卡赛场。

国际汽车联合会是于1904年6月20日成立的非营利性国际组织，主要致力于协调各国汽车与摩托车组织、帮助驾驶者解决问题并统筹全世界各种汽车与摩托车赛事，标志如图4-2所示。到2016年底，其成员包括全球143个国家的239个组织。中国汽车运动协会于1983年加入FIA。FIA是国际奥林匹克委员会成员组织，总部现设在法国巴黎。现任主席是法国人让·托德。

FIA主要包括"国际汽车联合会世界汽车旅游理事会"和"国际汽车联合会世界汽车运动理事会"两部分，其主席都由国际汽联主席担任，另各设一位执行主席。

图 4-1 纳斯卡赛场

世界汽车旅游理事会主要负责为汽车使用者解决问题，负责协调道路交通安全、环境保护、消费者权益保护、组织相关活动及旅行事务等；世界汽车运动理事会则主要负责统筹世界各国汽车运动组织，为所有不同种类的赛车运动制订规则，协调安排世界范围内的各项汽车比赛。两理事会分别设立若干个特别委员会在各自负责的范围内进行工作。

图 4-2 国际汽车联合会（FIA）标志

第一节　著名汽车赛事

一、最高水平的汽车赛：世界一级方程式锦标赛（F1）

1. F1 的诞生

早期的汽车比赛，在相当长的一段时间内，对赛车几乎没有任何规定，比赛的胜负主要决定于赛车发动机功率的大小。因此为了夺取比赛的胜利，赛车的车主都极力加大发动机的功率。这种做法，虽然可以激发人们钻研技术的积极性，对促进汽车技术发展有其积极的意义，但对比赛本身来说是不公平的。

国际汽车联合会于 1904 年创立后，感到有必要对赛车活动加以规范以保护车手和观众的安全，以及使赛车活动向着能为汽车的发展做出贡献的方向发展，于是在日后漫长的赛车历史中赛车被不断加以规范化，才有了"方程式"的规定。

方程式（Formula）原文含义是指竞赛规范，即赛车要依据国际汽车联合会下属机构世界汽车运动理事会所颁发的规则制造，包括赛车的长度、宽度、最小重量、发动机排量的大小、轮胎的尺寸等。

国际汽联一级方程式汽车锦标赛（FIA Formula One Championship），简称 F1。首场 F1 比赛始于 1950 年 5 月 13 日，在英国银石（Silverstone）赛道举行。当时，参赛的车手仍沿用 1947 年由 FIA 制订的规则，赛车可搭载 4.5L 非涡轮增压或 1.5L 涡轮增压发动机，如图 4-3 所示。

银石赛道过去是一个军用机场，当时英国皇室亲临观看，国王乔治六世还接见了参赛选手。意大利车手朱塞佩·法里拉

图 4-3　早期的 F1 赛车之一法拉利 125

为阿尔法-罗密欧车队赢得第一个 F1 大奖赛冠军，同时他也是当年的车手总冠军，即 F1 历史上第一个车手分站冠军和年度总冠军获得者，如图 4-4 所示。

2. 最高水平的车赛

初期，F1 每年只举行 7～9 站（场）比赛；20 世纪 80 年代后期，增加至每年 16 站或 17 站；2016 年破天荒地增加到了 21 站。F1 比赛通常在每年 3～11 月，分别在一些国家的主要城市的不同场地举行，比赛名字就取举办地的名字，如×××大奖赛。现在，通常只有大奖赛才有×级方程式之说，反过来说，只有×级方程式锦标赛才能叫"大奖赛"（Grand Prix，音译为"格兰披治"，简称 GP），如图 4-5 所示。

图 4-4　第一个 F1 车手分站冠军和年度总冠军
获得者朱塞佩·法里拉

图 4-5　F1 大奖赛标志（2018 年更换）

F1 之所以风行全球各地，皆因它是目前世界上速度快（平均速度超过 200km/h）、费用昂贵（每辆赛车超过数百万美元）、技术要求高及特别吸引人（每年超过 200 万人的现场观众，超过 5 亿人次的电视观众）的汽车比赛。买一张观看 F1 大赛的门票约 50 ~ 2000 美元；一场比赛现场观众可达 10 万 ~ 20 万人，仅门票收入可上亿美元，如图 4-6 和图 4-7 所示。

图 4-6　人山人海的 F1 赛场

图 4-7　风驰电掣的 F1 赛车

F1 是目前世界上赛车运动中精彩刺激、影响大、现场观众多和电视收视率最高的赛事，因此与世界杯足球赛、奥运会并称为世界三大赛事。

在 F1 赛车上应用了先进的理论、精确的计算技术、优秀的设计方法、新的材料、完备的制造工艺和测试手段。F1 赛车无疑是最尖端的科技结晶；反之，F1 汽车竞赛又更加促进了汽车技术的发展。

3. 金钱堆起来的精彩比赛

既然 F1 汽车竞赛是精彩、激动人心的比赛，各制造公司和商业机构就不会放过这个机会，使赛场同时成为商场。从某种意义上说，透过 F1 那万马奔腾的硝烟不难发现，比赛的宏伟气势是金钱堆起来的。

先说赛事投入，建成一个 F1 赛车场，20 世纪 90 年代造价大约是 3000 万美元，而上海国际赛车场投资超过了 26 亿元人民币。如果有幸争得 F1 赛程中的一站，每办一场 F1 大赛需要 1300 万美元的费用。

一个新的汽车制造厂家（车队）若要参加 F1 锦标赛，必须向 FIA 提交申请，并证明自己有足够的实力参加比赛——需要提交 2500 万英镑（约合 3500 万美元）的预付款给 FIA，在赛季结束时归还车队。车队必须参加所有各站比赛，一支车队不能在赛季中途参加或退出锦标赛。如果一支车队误了一次比赛，那么每辆车须交 20 万美元的罚款。

那么，一支车队一个赛季还需要花多少钱呢？

如果每年从 F1 行政管理公司（Formula One Administration，简称 FOA）那里获得 2000万美元的经营分成，再从一些大的赞助商那里解决一部分资金，那么要运作一支小型车队，每年至少还需要 4000 万美元左右；如果要打造一支具有竞争力的中流车队，需要大概 1 亿美元以上；一流车队则需要 3 亿美元以上。也就是说，经营一支车队一年需要 6000 万 ~4 亿美元。缩减 F1 成本一直是 FIA 努力的目标——将顶级车队现在 3.6 亿美元的预算降低到 1.2 亿美元左右。

要想进军 F1 首先要有自己的车队和车手。拥有一辆 F1 赛车，需要承受三笔不同的经费：买车，这不算最大的开支；维护，目标不同，费用大不同；使用费，这也许是个天文数字。

一辆 F1 赛车每 100km 耗费大约 60L 的燃油，燃油的价格约 4.5 美元/L；借用练车场的租金，每天 1500～30000 美元；每个赛季，车子要更换的零部件更是计算不清。

每站比赛都有 300km 以上，平均 1km 的费用大约就要 1200 美元；而单单一个车队机械师的工作服就价值 18 万美元！通常，F1 的转向盘是由各个车队自行设计和制造的，每个转向盘的制造成本大概在 7 万美元左右（大约 50 万元人民币）。然而，各个车队每个赛季会给两名车手各准备 5 个转向盘，如图 4-8 所示。

图 4-8　价格不菲的 F1 赛车转向盘（图为奔驰、宝马、法拉利、雷诺）可以方便拆下

F1 大赛对车手有很苛刻的要求，使许多爱好赛车的人终生对其望尘莫及。不过，F1 车手一旦在比赛中获胜，获得冠军后的奖金可高达数百万美元。

1995 年车手迈克尔·舒马赫从贝纳通车队转至法拉利车队，他与该队签订合同的年薪是 2500 万美元；1997 年度又增至 2700 万美元。1999 年，舒马赫成为"第一大款"，薪水加广告收入总计达到了 5880 万美元。舒马赫 2001 年仅薪水就高达 5000 万美元，这足以使舒马赫成为当年度全球收入最高的体育明星。尽管舒马赫曾退役后又重返赛场，薪水已降，但 2009 年仍有约 4200 万美元的收入。舒马赫是 F1 历史上的"七冠王"，如图 4-9 所示。

要成为一名 F1 竞赛车手，必须获得 FIA 签发的"超级驾驶执照"（FIA Super Licence），根据车手在其他级别（F2、F3、GP2、GP3、IndyCar 等）比赛中的成绩并进行严格考核，才能取得资格。每年全世界拥有这种执照者不到 100 人。车手在获准参加 F1 比赛前，必须与参赛车队签订有效的合同。

F1 赛车必须有 4 个轮子，车身不能盖住轮子（即所谓的"开轮式"）。变速器的前进档最多为 8 个，必须有倒档，一辆赛车的变速器必须连续使用 5 站。比赛中，包括赛车和其他添加的物品在内的总重量不得低于 691kg。油箱必须是可变形又撞不破的，是用凯夫拉尔强

图4-9 迈克尔·舒马赫第七次获得 F1 车手冠军（2004 年）

化橡胶制成，出油管必须是自动断油式。"自动起动系统"和"自动变速器"都被禁止使用，车手们不能再依靠电子系统帮助他们在发车时及时而快速地起动。

F1 赛车可以在 2.5s 内从静止加速到 100km/h，在 5s 内达到 200km/h。F1 的极速纪录是迈凯轮车队的蒙托亚 2005 年在意大利大奖赛中创下的 372.6km/h；2006 年本田车队先在莫哈韦沙漠机场跑出了 415km/h，接着在美国巴纳维亚盐滩跑出超过 400km/h 的极速，并且得到官方认证。

> **小贴士**：从理论上讲，当赛车速度达到 240km/h 时，由于翼板和车身产生的下坐力可以达到赛车重量的 3 倍，即使在天花板上开也不会掉下来。一辆以 300km/h 高速行驶的赛车如果撞到坚硬的水泥防护墙壁上，会产生极大的减速度，其数值可以大大超过重力加速度的 100 倍！赛车手就相当于从 123 层楼坠地！即使车手的身体没有与任何物体碰撞，也无法忍受这样巨大的减速——他的内脏和脑子会因为自身的惯性而移位或压扁。

为了降低行驶速度，1989 年 FIA 决定禁止采用涡轮增压发动机，1995 年又把发动机排量由 3.5L 降为 3.0L。为了降低 F1 赛车的耗资，从 2006 赛季起限定发动机最多有 8 个气缸（之前为 10 个气缸）、2.4L，必须是四冲程互换型和自然吸气式。2014 年又改为 1.6L 单涡轮增压 V6 发动机（见图 4-10）。每场比赛阶段一辆赛车只能使用 100kg 燃油（过去约为 160kg）；燃油流量被限制在 100kg/h。不允许采用转子发动机。比赛时发动机最高转数由过去的超过 21000r/min 限制到 15000r/min。2015 年起，每位车手每个赛季允许使用的发动机数量从 5 台减至 4 台（除非一个赛季有超过 20 站比赛，发动机的使用数量将增至 5 台）。

事实上，F1 运动中速度与安全永远是一对水火不相容的矛盾。所有的车手和车迷都是为 F1 富有刺激性和挑战性的魅力倾倒，车队也是竭尽全力地运用高科技手段来提高车速以达到增加 F1 的吸引力和收入的目的。但是，随之而来的是增加了赛车运动的危险性。赛车是一项危险的运动，而观众也是被这种危险的刺激所吸引，如图 4-11 所示。

4. "更快、更高、更强"

奥运会的口号是"更快、更高、更强"，这个口号激励人们具有一种不屈不挠、积极向上的精神面貌。纵观奥运会各项运动规则，它严格规定参与者不得借助机动外力以及药物等手段取得成绩，奥运会所有运动项目都以参加比赛的运动员自身的体能、机能、技能和智能进行较量。

图4-10　F1使用6个气缸、排量1.6L的涡轮增压发动机

图4-11　F1赛车也是一项危险运动

而 F1 却不同，首先是资金投入的能力（吸引赞助商支持的能力），然后是科研开发能力（汽车厂商对发动机与底盘的研发能力），再者是车队的经营能力（由赛车改装技术、经营经验、成绩所决定），最后才轮到车手能力的体现（体能、驾技、经验、心理素质和成绩表现）。在 F1 项目竞争当中，资金投入多少几乎成为决定胜负唯一的因素。尽管 F1 车手在一场比赛当中大量消耗体力，他们的体质、技能和智力也是运动员当中很优秀的，但是他们却仅仅承担这个项目环环"接力"的最后一棒，这也就是为什么 F1 不可能以"竞技体育项目"进入奥运会大家庭的根本原因。

一辆赛车在比赛中取胜的因素，发动机占 30%、底盘占 25%、车手占 25%，而燃油和轮胎各占 10%。

目前的 F1 锦标赛有两个内容："车手世界冠军"和"赛车制造厂家世界冠军"（又称世界冠军车队）。车手世界冠军和世界冠军车队是依每年每个车队每辆赛车得分累计决出。每站比赛前 10 名得分，分别是 25-18-15-12-10-8-6-4-2-1。假如比赛在未达全部赛程 75% 时被迫中止，则积分须乘以 1/2。车手全年成绩与车队一样，是将全年各站比赛的得分相加。如果全年各站积分相同，则获分站比赛冠军次数多者取胜，如分站冠军次数仍相同，则再比获得分站第二名的次数，以此类推，最后分出伯仲。图 4-12 为 2016 年世界冠军车队梅赛德斯-奔驰车队。

图 4-12　梅赛德斯-奔驰车队连续三次获得 F1 冠军车队（2014～2016 年）

以前，车手的号码是根据车队上个赛季的成绩排序分配给车队的。从 2014 年开始，F1车手可以在其整个 F1 生涯中使用固定的编号（2～99 号，17 号被封存），上届冠军有权使用 1 号。自 1976 年之后，"13"这个被认为是"不吉利"的号码首次重返 F1。

每站比赛通常是 3 天时间。

5. 做一个资格车迷

F1 是一项贵族运动。这里所谓的贵族运动，并不只针对从事 F1 运动的人，更多的是针对车迷而言。F1 花钱的不单单是车队，还有车迷。

看 F1，一定要去现场。去了现场，不是车迷的你也会变成车迷。

F1 的声音、速度、味道，能震撼你的神经，你的"三维知觉"将感受到一种前所未有的新奇刺激。

F1 赛车发出的轰鸣声，是尖锐、低沉、震耳欲聋的发动机声，你条件反射地想抗拒这种瞬间超越身体承受能力的"入侵",但同时却又乐意接受它,整个人瞬间兴奋不已,血脉贲张,仿佛历经极限刺激。

车速 300km/h 左右的车子开起来会是什么样子?像一道闪电,你毫无准备。才看见它出现在赛道一头,它便已"飕"地从你面前经过,消失得无影无踪。快到你只能从车身油漆的颜色分辨出是法拉利还是迈凯伦;快到你想通过分辨他们头盔的颜色来猜测过来的是哪位车手都不可能。

说到 F1,另一"维度"的感觉经常被忽略:嗅觉。贴近 F1 赛道,尤其是在多圈正式比赛之后,能闻到一股非常奇怪的味道。这是橡胶车胎与沥青赛道摩擦后融化留在赛道上的味道。有点焦,有点糊,有点刺鼻。不少人喜欢 F1 赛道上弥漫的橡胶味。

2008 年 9 月,F1 有史以来举办了首场夜间赛——新加坡大奖赛,如图 4-13 所示。

图 4-13　新加坡夜间比赛的景致十分壮观

别忘了观看中国上海站的 F1 大赛!这里有飞快的赛车、有最大的赛场、有造价最贵的赛道,而且,这里还有最便宜的门票,如图 4-14 ~ 图 4-17 所示。

图 4-14　上海赛车场全景

图 4-15　气势壮观的上海国际赛车场看台

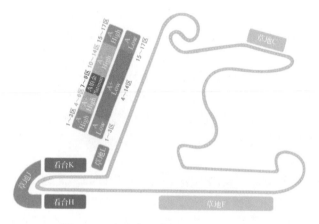

图4-16　上海国际赛车场"上"赛道
全景及看台分布情况

图4-17　造型独特的上海国际
赛车场主看台

二、最艰苦的汽车赛：世界汽车拉力锦标赛（WRC）

1911年，摩纳哥首次举行从欧洲一些国家的首都到该国最大城市蒙特卡洛的长途汽车越野赛。这次比赛以Rally（译音"拉力"，意为集中、集合）命名，从此Rally就获得了汽车长途越野赛的新义。拉力赛是一种道路条件差、行驶环境恶劣的长距离高速度汽车竞赛，是一种检验车辆性能和质量、考验驾驶技术的长途比赛。图4-18为世界汽车拉力锦标赛标志。

世界汽车拉力锦标赛（World Rally Championship，简称WRC）是一项由国际汽联组织的，以全世界为范围的级别最高的拉力系列赛事。第一场赛事于1973年1月19日在蒙特卡洛举行，以后每年的第一站比赛都安排在这里，如图4-19所示。现在每年有超过10亿人次通过现场、电视转播或其他媒体观赏这项世界顶尖的赛事。

图4-18　世界汽车拉力锦标赛标志

图4-19　2016年WRC仍在蒙特卡洛开赛

为了提高WRC的国际声望，并使之与F1同步发展，从1997年起所有分站赛都以主办国命名。1997年后，分站赛规定为不超过16站。每支车队在每一站参赛车辆可以超过2辆，但是只有两辆车可以成为积分注册车手。各支车队的最少参赛场次为7站，否则将失去团体分并且将受到处罚。

WRC 规定参赛车辆将全面改用符合规范的四轮驱动系统，搭配符合节能环保趋势的四缸、1.6L 涡轮增压发动机，最大功率输出被限制在 283kW（380 马力），最低车重为 1200kg，禁止拨片换档等。

WRC 的比赛方式很特别，分站赛为期 3 天（星期五开始，星期日结束），总比赛里程约 1500km。由于赛道是由普通的道路组成，所以不像封闭赛车场一路跑完，WRC 赛道通常是分布在一个地区的许多段道路组成的，赛车必须跑完一段赛道后再开往下一段赛道进行比赛，如此一天跑几个赛段，连续跑 3 天才算跑完比赛。

每场分站赛又被分为 15 ~ 25 个全封闭赛段。

赛段分为计时赛段（Special Stages，简称 SS）与行驶路段（Road Section，简称 RS）。SS 是在封闭管制的路段上车手用尽量少的时间完成比赛。一个阶段通常规划有 5 ~ 10 个 SS 路段，每个 SS 路段长度通常在 10 ~ 50km；SS 路段的规划总长度以 400km 为限。不同的 SS 路段间则以 RS 路段相连接，通常 RS 路段就是一般的道路，因此必须遵守比赛当地的交通法规。

因为一般道路不像赛车场的跑道宽敞，再加上会有前车烟雾的影响，因此 WRC 比赛的发车是根据天气的能见度，采用每隔 2min 或 3min 逐一发车的比赛方式，所以不会有一般赛车场的两车追逐镜头。2017 年，为了进一步提升比赛的精彩程度，国际汽联再次调整规则：WRC 种子车手在第一天的比赛中将按照积分排名顺序发车，在第二天和第三天的发车顺序按照前一天的成绩倒序发车。揭幕战的第一天发车顺序则根据前一赛季的成绩决定。

通常，WRC 比赛路段有严寒的雪地、泥泞的荒野、炎热的沙漠、雨林与沼泽等，旅途历尽艰辛。比赛中，如遇到恶劣气候，可以说是雪上加霜了，故障抛锚、深陷泥沼、雪地打滑、碰撞翻车事故屡见不鲜。许多汽车丢盔弃甲，满身泥泞，中途退出比赛者不在少数。虽然车速没有 F1 快，但是车辆驶过时会带起滚滚烟尘，而且还会出现跳跃、侧滑等漂亮的画面，更具有欣赏性。另外，WRC 要求车手的驾驶技术非常全面，不仅要有在沥青路面高速驾驶的技术，还要具备砂石路、泥泞路、土路、冰雪路等各种复杂路况上的高速驾车本领。所以，WRC 对驾驶者的考验是其他赛事选手所没有的。因此，WRC 的特殊魅力是吸引许多选手参加的一个重要原因，如图 4-20 ~ 图 4-22 所示。

图 4-20　WRC 的危险性是显而易见的

图 4-21 WRC 通常要在各种路面上比赛

图 4-22 在崎岖山路上比赛是 WRC 的一大特色

一支 WRC 车队通常会包括 40 个组员在分站赛期间工作，另有 60~100 名成员留守在车队基地。

参赛车手由于赛程相当远且复杂，因此 WRC 赛车是由两人搭档驾驶，正驾驶为车手，副驾驶为领航员。领航员会依据先前纪录的路书向车手提示弯道、路况等比赛资讯，而车手则依领航员的指示以最快且安全的速度将车子驶向终点。跟一般一位车手驾驶一辆赛车相比，WRC 赛车除了考验车手与领航员的专业技术外，更考验两人的默契合作。根据所有赛段的时间总和结合在各个集结点有无超时或提早报到等情况的处罚记录，时间最少者获胜。

世界汽车拉力锦标赛的积分系统分为两种：车手积分与车队积分。车手积分依照每站的名次决定分数，像 F1 计分一样，第一名至第十名分别是 25-18-15-12-10-8-6-4-2-1。

2017 年开始，允许车队提名三位车手获得积分，最终计算积分时只取两位完赛成绩最好的车手计算。

WRC 包括 "车手世界冠军"（1973 年—1976 年未设该奖项）及 "车队世界冠军" 两个不同的最高奖项。WRC 全年在十多个国家（分站）比赛，每个分站产生一对车手和领航员分站冠军，全年各分站成绩总积分最高的一对车手和领航员成为当年度的车手世界冠军。全年各分站成绩总积分最高的车队成为当年度的车队世界冠军。

为了便于观众欣赏比赛和电视转播，从 2011 年开始还设有一个超级赛段（Super Special Stage，简称 SSS），或者叫加分赛段（Power Stage），这个赛段采用双车竞发方式，比赛过程异常精彩。SSS 路段长度规划通常只有 2km，而且大多是在人工搭建的赛道上进行，是整个比赛中最短的计时赛段，但对观众的吸引力却是最高的，因为观众可轻松地在观众席上，欣赏比赛中看不到的两车同场竞技的画面，而不必受风沙之苦。这个加分赛段也就是比赛的最后一个赛段，一般全程电视要至少进行 30min 的直播。加分赛段时间会加进车手的总时间里，在这个赛段夺得前五名的车手，将分别获得 5-4-3-2-1 的积分。积分算进车手的年度积分当中，但不会算进车队积分，如图 4-23 所示。

图 4-23　在体育场搭建的超级赛段（SSS）

WRC 都是以人们每天都在驾驶的车为原型车，与我们的生活息息相关。从这一点上看，WRC 更加深入人心，备受关注。

作为全球最具影响力的系列赛事，尤以 WRC 几乎跨越全年的赛程安排以及赛车和赛道的 "亲民性"（不用买门票）而著称。在山花烂漫的崎岖山路上比赛是 WRC 的一大特色，漫山遍野的人群更为比赛增添了活力和激情，如图 4-24 所示。因此，世界汽车拉力锦标赛才得以在赛坛有如此巨大的声势和地位。

2013 年后，除 WRC 外，还另有三项汽车拉力锦标赛：世界青年拉力锦标赛（JWRC，驾驶员年龄在 28 岁以下）、世界拉力锦标赛 2（WRC-2，原超级 2000 世界拉力锦标赛 SWRC）和世界拉力锦标赛 3（前身为量产车世界拉力锦标赛 PWRC）。

图4-24 漫山遍野的观众更为比赛增添了活力和激情

三、最危险的汽车赛：达喀尔拉力赛（The Dakar）

1976年，一位名叫蒂耶里·萨宾（Thierry Sabine，1949—1986）的法国人参加了非洲阿比让到尼斯的车赛，中途他在利比亚的沙漠中迷了路，碰巧与一队柏柏尔人擦肩而过，最终走出了沙漠。萨宾回到法国后，有个念头一直在脑海里挥之不去，想将每一个人都送到沙漠里去感受一下那种浩瀚，要和更多人分享这种激情。他设想了这样一段路程：从欧洲出发，穿越所有神话中的沙漠，最后在塞内加尔首都达喀尔（Dakar）结束。图4-25为达喀尔拉力赛的创始人萨宾。

图4-25 达喀尔拉力赛的创始人萨宾

1978年12月26日。圣诞除夕钟声已经敲过，只有一批大胆的夜游者看到了巴黎特雷咖地洛附近集结了成群的车辆。轿车、摩托车、越野车、卡车整装待发，即将从这里迈出吃咤撒哈拉远征的第一步。塞纳河畔的埃菲尔铁塔披上银装，显得格外威严。第一届达喀尔拉力赛由 170 名赛车手（其中有 7 名女性车手）揭开序幕。沉浸在圣诞气氛中的巴黎在寒风中抖擞，赛车手们正驾驶铁骑奔向赛场。鉴于安全问题，从 2009 年开始达喀尔拉力赛撤离了非洲，移师南美洲的阿根廷、智利、巴拉圭和玻利维亚。图 4-26 为达喀尔拉力赛标志。

图 4-26　达喀尔拉力赛标志

首届达喀尔拉力赛不分类别，摩托车、轿车、越野车、卡车一视同仁。比赛中没有车厂介入，跃跃欲试的大都是业余选手。比赛一开始，摩托车便出尽了风头，吸引了无数车迷，如图 4-27 所示。首届拉力赛便发生了伤亡事故，摩托车尤为严重，坠车，折骨，丧生；沙漠狂风、暴雨使赛车手迷失方向，弃车而归。

图 4-27　早期的达喀尔拉力赛摩托车出尽了风头

现在，达喀尔拉力赛是一种多车种、分级别的超大型比赛，分为摩托车组、小型汽车组（包括轿车和越野车）以及卡车组，赛车的号码依次以 1、2、3 开头。如 105，表示摩托车组的第 5 号赛车，208 表示小型车组的第 8 号赛车，312 则表示卡车组的第 12 辆赛车。而工作车则以 4 为开头数字。除了参赛车的改装、运送费用外，主要的花费大致包括缴给大会的报名费、保证金、比赛中的油料补给费、租用 GPS 及紧急救难报警器的费用、回程车辆运送费等。在比赛期间一辆参赛汽车大约要花费 3 万欧元，维修车大约花费 2 万欧元。

达喀尔拉力赛以路程长、条件差、危险大而闻名于世界。各地的优秀赛车手和汽车制造商，都以能征服这个艰难的比赛成为他们的最高荣誉。达喀尔拉力赛所需的不仅是熟练的驾驶技术，更需要的是勇气和胆量，是一次耐力和意志力的考验。这条困难重重、气候恶劣的道路，似乎是当今世界各国优秀赛车手和雄心勃勃的汽车制造商摘取最高荣誉桂冠的必经之路。达喀尔拉力赛车手毫不畏惧大自然，他们是人类挑战大自然的勇士。车手们做这样的选择，表达的是一种人生态度，一种境界，一种生存方式和永不止步的探险精神。

四、最伟大的汽车赛：世界汽车耐力锦标赛（WEC）

1. 赛车的分组

世界汽车耐力锦标赛（FIA World Endurance Championship，简称 WEC）由"最伟大的汽车赛"勒芒 24 小时耐力赛（24 Hours of Le Mans）演变而来。2011 年 6 月 9 日，FIA 和法国西部汽车俱乐部（Automobile Club de l'Ouest，简称 ACO）同意共同打造世界汽车耐力锦标赛这项赛事。WEC 于 2012 年开赛。图 4-28 为世界汽车耐力锦标赛标志。

世界汽车耐力锦标赛参赛的赛车包括专门为比赛打造的勒芒原型车（Le Mans Prototype，简称 LMP）和基于量产的高性能豪华旅行轿跑车（Grand Tourers，简称 GT）改装而成的耐力赛车。

锦标赛继续沿用 ACO 主办赛事的四个组别：LMP1 和 LMP2 原型车组，以及 GTE Am 组和 GTE Pro 组。

1）LMP1 组允许汽油/柴油并存外，对发动机的排量、进气、涡轮增压值、燃油喷射压力都没有做任何限制，只限制燃油。允许每车最多使用两套能量回收系统（动能/热能），使得赛车的总功率输出达到 750kW（规定勒芒 24 小时耐力赛不大于 735kW）。允许使用四驱，车重 870kg（混合动力汽车）/850kg（非混合动力汽车），如图 4-29 所示。

图 4-28 世界汽车耐力锦标赛标志

图 4-29 LMP1 组赛车奥迪 R18E

LMP1 这一最高组别又被细分为两组：即强制采用了混合动力技术的厂商车队（LMP1-H，H 代表 Hybrid）以及允许使用传统驱动技术的私人车队（LMP1-L，L 代表 Light）。

LMP1 组赛车号码为红色背景上的白色数字，赛车号码 1~25。

2）LMP2 组只允许私人车队参加，LMP2 赛车和 LMP1 组原型车在尺寸、开放封闭式座舱等配置上相近，动力稍逊但却更为轻便。只能使用来自量产车的发动机，自然吸气汽油机 8 缸最大排量 5.0L，涡轮增压 6 缸最大排量 3.2L；最大载油量 75L；车长 4.65m，车宽 2.0m，车高 1.03m；赛车号码为蓝色背景上的白色数字，赛车号码 26~49，如图 4-30 所示。

LMP2 组不带发动机的原型车的封顶单价为 507650 美元。

从 2017 年开始，所有 LMP1 和 LMP2 原型车，必须采用封闭式驾驶舱。

3）GTE Pro 组是由专业车手驾驶的新款量产改装车，允许封闭座舱以及开放式座舱，2 车门，2 或 2+2 座席；只能使用来自量产车的发动机，自然吸气 8 缸汽油机、最大排量 5.5L，涡轮增压 6 缸、最大排量 4.0L。赛车号码为绿色背景上的白色数字，如图 4-31 所示。

4）GTE Am 组规定赛车手只能有 1 名专业车手，其余必须是有 1 年参赛经验的业余车手。赛车必须是车龄大于 12 个月的旧款车，赛车规格同 GTE Pro；赛车号码为橙色背景上的白色数字，如图 4-32 所示。

Pro 组和 Am 组赛车最低重量为 1230kg；油箱容积 90L，档位不得超过 6 个；赛车号码 50~99。

图 4-30　LMP2 组赛车普拉加-路特斯

图 4-31　GTE Pro 组赛车法拉利 458

2. 不同级别赛车的竞争

作为参赛制造商最多的世界顶级汽车赛事，不同级别的赛车在同一赛道竞争，各种大品牌汽车之间的竞争，随之带来的超车和套圈绝不是耐力赛唯一的看点；在这项赛事中，车手会面临更多"敌人"，除了赛道、对手，还可能有风、雨、温度、阳光和黑夜，无数因素可能影响赛车的可靠性，甚至分享同一辆车的其他车手的操控和表现都会成为胜负关键，一切皆有可能，所以这实质是一场人机配合、团队协作挑战机械和考验忍耐力的战斗，如图 4-33 ~图 4-36 所示。

图 4-32　GTE Am 组赛车保时捷
Porsche 911　GT3　RSR

图 4-33　不同级别的赛车在同一赛道竞争是
WEC 独有的景象

图 4-34　WEC 比赛的维修站可以维修、换胎、加油

图 4-35　WEC 比赛的维修站不仅可以看到神速的动作，还可能看到意外的事故

图 4-36　WEC 比赛中常常可以看到抛锚或自燃起火的赛车

如今，WEC 已经成为公认的汽车运动最尖端技术的试验田，在赛车动力上甚至有超越 F1 之势。例如 LMP1 赛车在动力输出上就已经超过 F1 赛车，高达 735kW（1000 马力）。同时，奥迪、丰田和保时捷的 LMP1 赛车都采用了双混合动力系统，把制动时产生的能量输送至前轮使得赛车在短时间内变为四轮驱动，同时植入涡轮增压将发动机排出的废气转化为电能。赛车在每一圈都能使用通过能量回收获得的额外动力，这种既节能又能够激发参与者竞争的规则突破，也成了推动世界汽车耐力锦标赛整体技术价值的核心所在。

WEC 比赛的维修站可以维修、换胎、加油，但加油和换胎不能够同时进行，并且换胎时只能由两名技师操作，更换车手可以与加油、换胎同时进行。

世界汽车耐力锦标赛每个赛季包含在世界各地举办的 8 ~ 9 场分站赛，其中包括勒芒 24 小时耐力赛；每场分站赛至少持续 6h，最长为 24h。

排位赛时 LMP 组与 GTE 组分别进行，每个车组派出两位车手跑单圈成绩，取两位车手分别开出的最快单圈成绩算出平均圈速来决定发车顺序。

WEC 积分方式和 F1 一致，即前十名获得积分为 25-18-15-12-10-8-6-4-2-1，不同的是 10 名开外都会有 0.5 分；同时在勒芒 24 小时耐力赛，其积分是双倍的；每个组别的杆位将为这个车组带来附加的 1 分。

车队积分实际上可以说是赛车积分，每辆赛车都可以获得积分，然后在一起排名，不管是不是一个队的。厂商积分只取每站比赛一个厂商成绩最好的两辆赛车。

在一个赛季中，比赛共设有 6 项锦标赛：制造商世界冠军和车手世界冠军，两项世界冠军头衔颁发给总分最高的 LMP1 原型车组制造商和车手；GTE Pro 组别的冠军将获得世界杯头衔；成绩最好的 LMP2、GTE Am 业余组车队将分别获得奖杯以及成绩最好的私人车队将获得奖杯。

3. 伟大的勒芒 24 小时耐力赛

从 2012 年起，勒芒 24 小时耐力赛既是独立的一个赛事，同时又是世界汽车耐力锦标赛 WEC 中的一站。

1906 年 6 月 26—27 日，法国汽车俱乐部在勒芒（Le Mans）举行了世界上第一场汽车大奖赛。一般来说，那场比赛被认为是汽车运动开始走向发展的重要标志。

勒芒位于法国巴黎西南约 200km 处，是一个人口约 15 万人的商业城市。这个小城市能够闻名于世界，主要是因为每年都要在那里举行 24 小时汽车耐力赛。第一次比赛在 1923 年 5 月 26 ~ 27 日，此后每年 6 月的第二个周末都要举行汽车连续行驶 24h 的比赛（1936 年、1940—1948 年停赛）。

勒芒 24 小时耐力赛已经逐渐成为在全球赛车界如雷贯耳的名字。该赛事由法国西部汽车俱乐部（ACO）负责主办。如图 4-37 和图 4-38 所示分别为勒芒 24 小时耐力赛标志和主办组织标志。

勒芒 24 小时耐力赛赛程是让一辆原型赛车在高速赛道上夜以继日地以极速连续奔驰 24h。这除了对车手是一项极为艰难的体能挑战外，对参赛车辆的车体结构强度，发动机、变速器寿命等，都是全球赛事中最为苛刻的考验；此外，车身重量、油耗的经济性、车身空气动力学、悬架系统都是影响参赛车辆能否取得好成绩的重要因素。因此，各大车厂都将能在勒芒 24 小时耐力赛中夺魁视为重要成就之一。这个赛事无论对汽车的可靠性或是驾驶员的耐力，都是一次严峻的考验，被人们称作"世界最伟大的汽车竞赛"。

图 4-37　2014 年启用新的勒芒 24 小时耐力赛标志　　图 4-38　勒芒大赛主办组织新标志（2009 年）

人们不会忘记：1955 年 6 月 11 日，在勒芒 24 小时耐力赛上发生了令人震惊的悲剧。当车手马克林驾驶着奥斯汀赛车突然驶向道路一侧，以便给麦克驾驶的捷豹赛车让路，可是从后面快速追上来的奔驰赛车却躲闪不及，直接从奥斯汀赛车上轧了过去，像炮弹一样飞向道路旁边，"轰"的一声巨响，车被撞成了两截，立即起火，喷着火舌砸到观众密集的看台上，奔驰车上的法国驾驶员皮埃尔·利弗当场死亡；由于汽车碎块从高空飞落，83 名观众不幸身亡，105 名观众受伤。这是汽车赛上伤亡人数最多的一次比赛，如图 4-39 所示。事故发生 8h 后，愧疚的奔驰车队宣布从此退出所有汽车比赛（直到 1988 年才组队重返赛场）。勒芒 24 小时耐力赛或许是最残酷的汽车赛事。

勒芒 24 小时耐力赛在世界上是最负盛名的，因为一般耐力赛只有 500 ~ 1000km，而勒芒 24 小时耐力赛约 5000km。不管勒芒 24 小时耐力赛的赛道多么艰险，也不管历史上发生过多少悲剧，一些汽车厂家都不惜耗资数千万美元，想在这项大赛中取胜，谁也不肯轻易放过利用这项大赛来提高公司声誉的机会。图 4-40 为勒芒 24 小时耐力赛主看台。

图4-39 汽车赛历史上伤亡人数最多的一次比赛（1955年）

图4-40 勒芒赛场主看台

与昂贵的F1相比，勒芒24小时耐力赛要"便宜"得多：一个厂家花大约2500万美元就能展示与其量产车相似的产品。想要加入的车队越来越多，以至于组织者不得不在比赛前两星期专门安排一天进行资格赛（测试日）；2000年以后，才改为参赛车队必须由主办大会邀请，使勒芒24小时耐力赛成为大公司之间的品牌赛。

五、最平民化的汽车赛：世界房车锦标赛（WTCC）

世界房车锦标赛（World Touring Car Championship，简称WTCC）是国际汽联于2005年推出的一项全球性汽车赛事，它的前身是始于1987年的欧洲房车锦标赛。图4-41为世界房车锦标赛标志。

图4-41 世界房车锦标赛标志

这里的"房车"（Touring Car）一般来说是指拥有固定顶棚的车辆，即不包括敞篷跑车。

WTCC是国际汽联旗下的一项平民化赛事，参赛车辆是以真正的量产车为基础改装的FIA Super 2000，参赛费用也比较低廉，因此除了汽车厂参与，许多个人也加入了这项赛事。

FIA Super 2000参赛车型必须是至少4座的量产型房车（年产2500辆以上），连驾驶员在内的总重量不得低于1140kg，变速器采用5速或6速手动档。采用自然吸气方式的四缸发动机，排量不得超过2.0L，或排量1.6L涡轮增压汽油发动机，功率为185~200kW（250~270马力），最高转速不得超过8500r/min。自2007年起，除了汽油发动机之外，柴油发动机（带有涡轮增压）也光鲜登场，并且生物燃料赛车也得以参战，因此在汽车赛事领域，WTCC在环保上走在时代的最前端。

WTCC打出的口号为"Real Cars，Real Racing"，预示着这里的比赛是"真正的比赛"，令全世界的汽车迷们为之痴狂。WTCC赛同样精彩万分，如图4-42和图4-43所示。

图4-42　WTCC赛同样精彩万分

图4-43　WTCC赛场上靓丽的赛车模特

WTCC采用分站赛形式，全年共有10~12个分站赛。每个车队每站比赛只能由一辆车参赛，轮胎则由FIA指定轮胎赞助商统一提供。所有车手第一场赛事将有16条新轮胎。第二场赛事开始一共可以用20条轮胎，其中最多新胎为12条。每个车手一个赛季允许用1台发动机和6个涡轮，增加一次更换发动机，车手就将最后起步；除非这是因为事故，还有赛事干事免除的处罚。如果超过使用6个涡轮，结果也是最后起步。

世界房车锦标赛分站赛，先进行一节测试、两节练习，然后是排位赛和正式比赛两部分；正式比赛分两回合进行，每回合比赛距离为50km左右。

一般在周六进行排位赛，根据其结果决定第一场赛事的起跑排位。前五名将获得 5 分到 1 分的加分。从 2016 赛季起，在每站第三节排位赛（Q3）后，举行制造商团队计时赛（MAC3）。即：计时从制造商的第一辆赛车驶过起点线开始（均为静止起步），直至该制造商的最后一辆赛车（每个制造商派出 3 辆赛车）完成所需的圈数结束，最短行驶距离为 10km。用时最少的制造商将获得 10 个制造商积分，第二名将获得 8 个制造商积分，积分安排是 10-8-6-3-2-1。制造商将以当站前制造商积分榜的倒序出场，以增加比赛的戏剧性和激烈性。

周日进行正式比赛，第一个回合以滚动起跑的方式举行。第一个回合的第 1 名～第 10 名，在第二回合发车时将颠倒顺序起跑。也就是，第一个回合中获得第 10 名的赛车手，在第二个回合的起跑中则位于杆位。第二个回合将以站位方式开始比赛。

从 2016 年赛季开始，正式比赛的两个回合均采用颠倒顺序起跑。

WTCC 每个分站赛都展开激烈的近距离作战，从开始到最后一站，均展现了冠军争夺战的惊险刺激场面，如图 4-44 所示。特殊的比赛规则和计分方法使整个赛事风云变幻，难以预测，每年的车手和车队总冠军常常要到最后一站比赛才见分晓，这也是每年 4 亿多观众关注和喜爱 WTCC 的原因之一。

图 4-44 赛场风云变幻，撞车是经常发生的事情

从 2010 年起，像 F1 一样，每站最后成绩取前 10 名，分别获得 25-18-15-12-10-8-6-4-2-1 的积分。每年比赛结果将颁发两个奖项：冠军车手和冠军车队；另外颁发三个独立杯：车手奖杯、车队奖杯和汽车车型奖杯。2016 赛季参加独立杯组别的车手和车队获得的奖金总数为 50 万欧元。

世界房车锦标赛每年在中国的上海和澳门都有赛站，澳门格兰披治大赛在 2015 年以前多次成为 WTCC 的收官之战，如图 4-45 所示。

图 4-45 澳门格兰披治大赛在 2015 年以前多次成为 WTCC 的收官之战

2016 年 11 月 25 日，世界房车锦标赛收官战在卡塔尔塞尔国际赛道激烈展开，雪铁龙以 957 分的总成绩卫冕年度车队总冠军。与此同时，雪铁龙赛车手洛佩兹及穆勒分别以381、257 的总积分包揽年度车手榜冠亚军。从 2014 年进军 WTCC，雪铁龙连续三年夺得年度厂商和年度车手总冠军荣誉，如图 4-46 所示。

图 4-46　雪铁龙连续三年（2014～2016 年）夺得 WTCC 年度厂商和年度车手总冠军

第二节　汽车速度英雄榜

一、陆上汽车速度纪录：没有止境的速度追求

人类对速度的追求是没有止境的，早期的汽车赛也主要是比赛谁能跑得更快。那些不断创造纪录的汽车采用的驱动方式五花八门，从蒸汽机、电动机、内燃机直到喷气发动机，外形也是奇形怪状，如图 4-47 所示。

图 4-47　不同的速度纪录创造者形状各异

以下是历年来陆地最高车速（非喷气式机和火箭动力）纪录英雄榜：

1898 年 12 月 18 日，在巴黎附近举行了世界上首次被承认的汽车陆地速度竞赛，组织者为法国汽车杂志社，赛程为 1000m。一位法国贵族查斯罗普·劳贝特在巴黎附近一条测量好的路段用一辆方箱形的杰纳特兹电动车以 63.15km/h 的速度创造了世界纪录，声称他自己是"世界上最快的人"，如图 4-48 所示。一个名叫卡米尔·詹那兹的比利时人也参加了比赛，虽然名落孙山，但他却对最高速度车赛着了迷。

图 4-48 查斯罗普·劳贝特用杰纳特兹电动车创造了第一个世界纪录

卡米尔·詹那兹带着首辆专门为速度而自己设计的一辆炮弹形的电动车，欲与那个法国贵族查斯罗普·劳贝特一决雌雄。他的车由两个电动机驱动，功率为30kW，车重1452.8kg，其中蓄电池有295.1kg，以他夫人的名字命名——取名"永不满足"。为公平起见，他将车运至法国，在同样的路段上以68.27km/h的速度超过了劳贝特。这一成绩，还是最早的汽车速度纪录，因为在这次比赛中首次正式采用了计时器及计秒表等。一天，两人在一个公园里会面，扬言要互相比试一番。随后，两人在5个月之内又4次交替刷新了纪录。

1899年4月29日，卡米尔·詹那兹最后取得了胜利，成绩是105.88km/h（65.79mile/h），是当时首次突破100km/h的人，如图4-49所示。可笑的是，当时的公众，甚至连许多外科医生都认为这个速度是人类依靠机械运动的极限速度，而这一观点的盛行使突破速度极限的冒险行动差点停顿了下来。

图 4-49 卡米尔·詹那兹和时速突破100km的"永不满足"

1906年1月26日，美国的弗兰克·马拉特在戴通纳海滩驾驶一辆斯坦利蒸汽汽车，以205.45km/h的平均车速成为"世界飞人"，如图4-50所示。

1909年11月6日，法国的维克多·恩里驾驶着一辆闪电·奔驰汽车，在英国布鲁克兰赛道创造了202.68km/h的内燃机汽车新纪录。该车发动机有4个巨大气缸，排量高达21.5L；车身由乔治·登赫尔设计，尖尾，子弹头散热器，车长4.8m，自重3000kg，如图4-51所示。

1922年5月17日，克洛·吉尼斯是第一个将航空发动机装在汽车上的人，他驾驶着装有一台250kW（350马力）活塞式航空V12发动机的赛车"阳光号"，在布鲁克兰赛道上跑出

图 4-50　弗兰克·马拉特驾驶创纪录的斯坦利蒸汽汽车

图 4-51　维克多·恩里驾驶闪电·奔驰在布鲁克兰赛道创造了内燃机汽车速度新纪录

了 215.2km/h 的最好成绩，如图 4-52 所示。

　　在连年刷新世界纪录的名单上可以看到马尔科姆·坎贝尔，非常出色的英国赛车手的名字。1925 年 7 月 21 日，"阳光号" 350HP 车速达到 242.57km/h，坎贝尔打破自己之前保持的纪录——235.2km/h。坎贝尔把自己驾驶过的一些著名赛车和赛艇都用 "青鸟" （Blue Bird）命名，如图 4-53 所示。

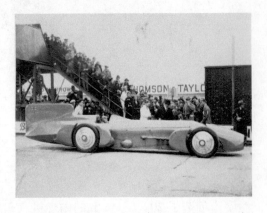

图 4-52　克洛·吉尼斯驾驶装有航空 V12 发动机　　　图 4-53　著名的 "青鸟" 赛车（1925～1935 年）
　　　　　的赛车 "阳光号"

　　1926 年，威尔士车手巴里·托马斯只用了 125 英镑就从一个死去的赛车手的财产中买来一辆名叫 "巴布斯" 的赛车，它是用一个 27L、V12 的航空发动机制成的赛车，功率达到

294kW，托马斯对赛车进行一番改装后，于 1926 年 4 月 27 日在英国潘定沙滩创造了 272.46km/h 的车速纪录，如图 4-54 所示。

然而，1927 年 2 月 4 日，坎贝尔的新型青鸟却达到了 281.38km/h，打破了托马斯的纪录。

于是，1927 年真正的创纪录者是亨利·西格雷夫（Henry Segrave，1896—1930）。他造了一辆新车"阳光"，车头和车尾各安装一台 V12、22.4L 船用发动机，每台功率为 367.65kW（500 马力），合计 735.3kW（1000 马力），前面的发动机用一台散热器，后面的发动机用两台散热器；汽车的长度为 7.14m。尽管采用了铝板制成车身，汽车重量仍超过 3t（高达 3632kg），如图 4-55 所示。1927 年 3 月 29 日，这辆车在美国佛罗里达州戴托纳海滩的行驶速度达到了 327.98km/h。行驶结束时，由于制动器烧坏，汽车无法停下来，急中生智的西格雷夫只好把车驶进海中，从而避免了人员伤亡事故的发生。

图 4-54　巴里·托马斯驾驶巴布斯在英国潘定
沙滩创造汽车速度的新纪录

图 4-55　亨利·西格雷夫
具有大功率的阳光 1000HP 赛车

1928 年 4 月 22 日，美国人雷·凯茨（Ray Keech，1900—1929）用 3 个 27L 的巨型 12 缸发动机（共计 36 缸，排量 81L）装在一辆"三合一"赛车上，在戴顿纳海滩以 334.03km/h 的速度刷新了西格雷夫的纪录，如图 4-56 所示。

图 4-56　雷·凯茨制造的装有 3 台巨型发动机的赛车

1929 年 3 月 11 日，西格雷夫得到了杰克·欧文上尉设计的一辆新车欧文-纳皮尔，采用了 V12 缸航空发动机，功率为 638.8kW（930 马力）。这辆长 8.4m、重 3.7t 的赛车又称为金箭，在戴顿纳海滩以 372.46km/h 的车速创造了世界纪录。数以千计的人观看了这个振奋人心的场面，如图 4-57 所示。同年，英国国王乔治五世（George V，1865—1936）亲自召见了西格雷夫，授予他英国"爵士"。1930 年 6 月 13 日，西格雷夫在一次创纪录的快艇驾驶中不幸殉难。

图 4-57　时速 372.46km 的"金箭"赛车

1935 年 9 月 3 日，在美国犹他州波纳维利的一块极度平坦的地方，这是干旱成沙的盐湖，坎贝尔驾驶了他的最后一辆青鸟赛车（该车长 8.5m）以 484.61km/h（301.129mile/h）的速度创造了他的第七个世界纪录，如图 4-58 所示。当时，发动机烧得灼热，汽车风窗玻璃甩满了油污，排出的废气烟雾呛得坎贝尔呼吸困难，一条轮胎热得着了火，真是险象环生。然而，坎贝尔以顽强的意志完成了这一创举。马尔科姆·坎贝尔曾 9 次创造了陆上和水上的世界纪录，被授予英国"爵士"的殊荣。31 年以后（1964 年 4 月 14 日），他的儿子唐纳·坎贝尔在澳大利亚埃尔湖驾驶一辆装置燃气轮机的 CN7 汽车创造了 648.727km/h 的世界纪录，如图 4-59 所示。这辆车仍被命名为"青鸟"，承袭了当年坎贝尔的殊荣。

图 4-58　坎贝尔的最后一款青鸟赛车　　　　图 4-59　唐纳·坎贝尔创纪录的燃气轮机"青鸟 CN7"

第二次世界大战中断了两个英国人——约翰·科布（John Cobb，1899—1952）和乔治·艾斯顿（George Eyston，1897—1979）在波纳维利盐湖滩进行的为征服 643.6km/h（400mile/h）所进行的发疯似的决斗。艾斯顿建造了一辆重达 7t 的 6 轮车，命名为"霹雳"，他的赛车个大、沉重、有力，装有两台罗尔斯-罗伊斯 V12 飞机发动机，总排量达 73L，最大功率达到 3450kW（4700 马力）。1937 年 11 月 19 日，艾斯顿跑出了创纪录的

501.374km/h，如图 4-60 所示。后来，艾斯顿数次刷新速度纪录，并保持着 575.31km/h 的纪录（1938 年 9 月 16 日创立）。

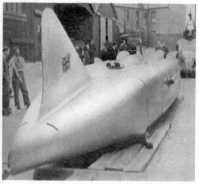

图 4-60 乔治·艾斯顿建造的"霹雳"赛车时速首先超过了 500km

然而，科布的由里德·雷尔顿（Reid Railton，1895—1977）设计的雷尔顿赛车则像一滴拉长的泪珠，滑顺、扁平，装用两台 W12 增压发动机，共发出功率 1837.5kW，动力只有艾斯顿"霹雳"的一半，如图 4-61 所示。然而，科布驾驶的赛车却创造了 3 个世界纪录，而且在 1947 年 9 月 16 日创下的 634.398km/h 这一纪录，一直保持到 1964 年 7 月 17 日被唐纳·坎贝尔的"青鸟 CN7"打破。

图 4-61 扁平的雷尔顿赛车创造的纪录保留了 17 年（1947～1964 年）

1965 年 11 月 12 日，美国加利福尼亚州南部一对热衷于车赛的萨默斯兄弟，制造了一辆取名"黄花"的赛车，采用的是 4 台克莱斯勒 V8、7L 发动机，功率达到 1764kW，如图 4-62 所示。弟弟鲍勃·萨默斯，在他的两次行驶中创造了 658.53km/h 的平均速度。

活塞式内燃机驱动轮式汽车的最高纪录为 696.331km/h，是 1991 年 8 月 21 日在美国犹他州的波纳维利盐滩，由美国人艾尔·蒂格驾驶"速度-动力/勇

图 4-62 萨默斯兄弟制造的"黄花"赛车（1965 年）

气"汽车，在 1.6km 路程的最后 40m 时创造的。他全程的平均速度为 684.052km/h，如图 4-63 所示。

普通非增压活塞式内燃机汽车的最高速度是 667.037km/h，2010 年 9 月 21 日由美国人查尔斯·李本格（Charles Nearburg，1950—至今）驾驶"瑞特精神"号在波纳维利盐滩创造的，如图 4-64 所示。

图 4-63　活塞式内燃机驱动
轮式汽车的最高纪录保持者

图 4-64　普通非增压活塞式内燃机
汽车的最高纪录保持者

非喷气式动力的涡轮发动机汽车的最高纪录为 737.794km/h，是 2001 年 10 月 18 日在波纳维利盐滩，由美国人唐·威斯科（Don Vesco，1939—2002）驾驶威斯科涡轮机汽车创造的，如图 4-65 所示。

汽车速度纪录还在不断地刷新着。

普通汽车能创纪录吗？前面描述了许多世界纪录，都是一些经过精心设计的竞赛汽车，在特殊的行驶条件下创造的。至于大批量生产的普通汽车，也参加一些不很惹人注意的竞赛，而这样的竞赛，似乎与创纪录无缘。

如果你认为上述纪录仅是为创造纪录而对汽车进行专门设计制造，"不予认可"的话，那么市售道路上行驶的汽车的最高速度纪录是布加迪·威航 Super Sport，如图 4-66 所示。2010 年 7 月 4 日，在德国技术检验局和吉尼斯世界纪录（不是 FIA 组织）代表的共同见证下，现任布加迪威航御用试车手皮埃尔-亨利·拉法内尔（Pierre-Henri Raphanel，1961—至今）在大众公司的试车道驾驶布加迪·威航 Super Sport 运动版最终获得了 431.072km/h 的最高时速纪录——这一成绩来自仪器测得的 427.933km/h 和 434.211km/h 两次极速的平均值。不过，布加迪官方声明出于保护轮胎的考虑，最终的商品车的极速将被电子限速锁定在 415km/h。

图 4-65　非喷气式动力的涡轮
发动机的最高纪录保持者

图 4-66　批量生产上道路行驶的汽车最高速度
纪录保持者布加迪·威航 Super Sport

二、喷气式汽车速度纪录：飞机还是火箭？

普通汽车的驱动力是借助于车轮与地面的相互作用而传递的。也就是说，发动机发出的动力通过汽车的传动系统传到车轮，车轮再向地面施加作用力，地面同时给车轮反作用，驱动汽车行驶。根据汽车行驶原理，车轮驱动力的极限是受汽车轮胎与地面的附着力制约的，即车轮的驱动力不可能超过汽车的附着力而无限增大。因而可以认为，这种形式的汽车的行驶速度不可能无限地提高。显而易见，汽车速度若要进一步提高，就需要采用喷气式结构——像飞机和火箭那样，因为这种结构可以产生非常强大的推力。

图 4-67　弗里茨·欧宝设计了一辆真正的"火箭车"——"拉克 2 型"

1928 年，德国欧宝汽车公司创始人亚当·欧宝的孙子弗里茨·欧宝（Fritz Opel，1899—1971）设计了一辆真正的"火箭车"。这辆车头部圆滑，车身两侧有水平翼片，尾部装有 24 个喷管，喷管内用火药做燃料。这辆车命名为"拉克 2 型"（Rak 2），如图 4-67 所示。当时有人认为，驾驶并点燃这辆装满爆炸物的车辆无疑十分危险。可是，在 1928 年 5 月 23 日，弗里茨以自信和大无畏精神亲自驾驶这辆汽车进行试验，依次点燃 24 个喷管内的火药推动汽车前进，首次试验一举成功，达到 230.13km/h 的高速。这个速度虽然远未达到当时英国西格雷夫或美国凯茨所创造的纪录，但却是一次喷气式汽车不平凡的试验。当然，这样的车辆不可能投产并成批出售，因而这次试验的影响就很有限，但弗里茨的无畏精神却永垂史册。

1963 年 8 月 5 日，克雷格·布里德洛夫（Craig Breedlove，1937—至今）驾驶"美国精神号"喷气式汽车超过了坎贝尔的速度，但 655.7093km/h 这个纪录没有被认可，因为这辆汽车是三轮车而且不是依靠车轮传递驱动力。1964 年 11 月，有关陆上速度世界纪录的规定进行了重大的修改——"创造陆上世界纪录可以用任何形式的车辆，但必须由人驾驶并且以陆地为支承面"。这项规定，认可了喷气推进的轮式车辆，但否定了气垫式或磁悬浮式车辆，同时还排除了无驾驶员在车内操作的车辆。

1965 年 11 月 15 日，克雷格·布里德洛夫再次驾驶了"美国精神-音速 1 号"汽车，在美国波纳维利盐湖，以 966.55km/h 的平均速度创造了陆上速度的世界纪录。这是一辆采用铝和玻璃纤维制成的喷气式汽车，实际上就是一台带有轮子的喷气发动机，活像没有翅膀的飞机，如图 4-68 所示。这个速度虽然没有达到音速（大约 1220km/h），但比 1964 年坎贝尔依靠车轮传递驱动力的"青鸟"快得多，充分显示了喷气式汽车在创纪录方面的优越性。

顺便提一下，坎贝尔1964年创造的纪录仅仅一年就被打破了，从此以后，他就转向水上世界的角逐。

1970年10月23日，曾受过宇航员训练的美国人加里·加伯里奇（Gary Gabelich, 1940—1984）驾驶"蓝焰"（Blue Flame）喷气式汽车，以1001.45km/h的速度打破了布里德洛夫的纪录。这辆长达11.65m的汽车的垂直尾翼离地高度为2.48m，形状酷似火箭，并且确实采用了宇航用的火箭发动机，以液化天然气和过氧化氢为燃料。汽车具有4个车轮，但前面两个车轮靠得很近，看起来像三轮汽车。汽车飞驰时，发动机的响声震耳欲聋，行驶结束后要采用几把降落伞减速。如图4-69所示。

图4-68 克雷格·布里德洛夫与　　　　　图4-69 加伯里奇驾驶的"蓝焰"
　　　美国精神-音速1号　　　　　　　　　　喷气式汽车

1979年12月17日7点45分，美国火箭专家威廉·费德雷克研制的火箭汽车——布特魏泽尔号（见图4-70），由好莱坞惊险特技演员斯坦·巴特雷（Stan Barrett, 1943—至今）驾驶，在加利福尼亚州爱德华兹空军基地的直线跑道上疾驶，做出了一项历史性的突破：由卫星测得的车速为1 190.377km/h，超过了当时测得的音速（1 177.6727km/h）。该车全长12m，重2361kg，固体燃料在高温水蒸气作用下汽化、燃烧，并与液体燃料气体混合燃烧喷出，达到10890kg的推力，发出动力35280kW（48000马力）；为了加速，还设置了空对空"响尾蛇"导弹火箭，该固体燃料火箭的推力是2724kg，约为8820kW（12 000马力）。布特魏泽尔号火箭汽车突破了声速，为此研制者威廉·费德雷克得到250万美元的奖金，驾驶员巴特雷从中得到50万美元的试车报酬。

但是，巴特雷的纪录未被承认，因为测量不是由正式工作人员进行的，而是雷达计时器检测的；并且对于陆地行驶的纪录，必须在60min间隔时间内通过两个方向上行驶，并在被测量的范围内取往返速度的平均值，而当时只行驶了一个方向。

1983年10月4日，英国的理查德·诺布尔（Richard Noble, 1946—至今）驾驶的"推力2号"火箭车，在美国的黑石沙漠，以1019.44km/h的速度打破了当时世界陆地速度纪录。该车使用了一台英国罗尔斯-罗伊斯公司研制的Avon302涡轮喷气式发动机，最大推力可达5761.26kg，英国的"闪电"战斗机使用的就是同型号的发动机。该车现在被收藏在英国考文垂交通博物馆内，供公众参观，如图4-71所示。

图4-70 火箭汽车布特魏泽尔号

图4-71 曾经打破世界陆地速度纪录的"推力2号"

1996年5月1日，一辆为打破地面速度纪录的汽车展示在世人面前。这辆名为"动力 SSC"汽车，即"超音速汽车"之意（Super Sonic Car），是英国的一个赛车发动机制造公司花了两年时间研制成功的，设计者同样是英国人理查德·诺布尔等人；车上装有两台与英国皇家空军"幻影式"战斗机所使用的相同的罗尔斯-罗伊斯喷气式发动机。这两台总值300万英镑的发动机，总功率高达79000kW（106000马力），可在4s内使汽车达到160km/h的速度，16s内达到965.4km/h，然后突破音速。这辆重约10500kg、长16.46m、宽3.7m的超音速汽车，由英国皇家空军"旋风式"战斗机飞行员安德鲁·格林（Andy Green，1962—至今）驾驶，在美国内华达州的黑石沙漠中进行创纪录的实验行驶，如图4-72～图4-75所示。

图4-72 创最高行驶速度纪录的"动力SSC"现在也被保存在英国的考文垂交通博物馆中

图 4-73　"动力 SSC"的驾驶者安德鲁·格林

图 4-74　"动力 SSC"在测试行驶中

　　这辆冲击音速的汽车，在黑石沙漠一块 24.2km 长的平坦区域行驶，大约需要 8.1km 的加速段，然后在大约 5s 的时间里通过赛段中间的 1.609km（1mile）测量路程，之后驾驶员关闭发动机，并施放降落伞使汽车的速度在 8.1km 的距离内减慢下来，当其速度减小到 483km/h 时启用制动装置。

　　果然，"动力 SSC"创造了新的世界陆地速度纪录——1227.985km/h，超过了音速（当时环境下的音速约为 1206km/h）。这是 1997 年 10 月 15 日创造的。1997 年 11 月 11

图 4-75　"动力 SSC"创纪录成功后团队成员合影

日，国际汽联正式批准了这一新的汽车陆地速度纪录。

　　应当承认，喷气式汽车的速度还可以更高些。从航空理论可知，超音速行驶时突破音障需要额外的强大推力，研制这样的汽车所需的巨额资金，以及汽车试验和投入保险的费用，实在使人望而生畏。

　　现世界陆地速度纪录保持者"动力 SSC"的团队创始人理查德·诺布尔目前正在着手进行新的世界陆地速度的挑战，其团队设计的"寻血猎犬"已经设计完毕（见图 4-76）。2015 年在英国伦敦金丝雀码头展出了"寻血猎犬"，它装备了一台"台风"战斗机的发动机、一台火箭发动机以及一台捷豹 V8 发动机，目标速度是超过 1609km/h（1000mile/h）。也许，当他们一旦找到足够长的测试场地，新的世界陆地速度就将诞生。

图 4-76　"寻血猎犬"已经设计完毕，等待"起飞"

未来最高陆地车速纪录会是多少呢?

 技能训练与实践活动

1. 查找世界汽车比赛的早期历史、最新的汽车行驶速度最快纪录。
2. 试举例说明你自己最喜欢的一项汽车赛事,为什么喜欢它?
3. 讨论:在北美的汽车比赛中,还有哪些赛事受到了车迷们的欢迎?
4. 讨论:汽车比赛对汽车工业的发展有哪些影响?

第五章

汽车与社会

汽车与社会的关系非常繁杂，汽车能够促进经济发展、优化交通结构、提高生活质量、扩大劳动就业、引起生产管理变革、加快城市化进程等，历经百年的汽车已经深入到人类社会的方方面面。

汽车的普及还为人类社会创造了许多新生事物，汽车艺术、汽车广告、汽车模特、汽车展会、汽车比赛、汽车收藏、汽车改装、汽车俱乐部、汽车自驾游、汽车旅馆等已渗透到人们的日常生活之中，改造着人们的传统观念，进而改变城市结构、乡村结构和就业结构，改变人们的区域概念、住地选择、消费结构、商业模式、生活方式和休闲方式，改变人们的社会关系、沟通方式、活动节奏、知识结构以及文化习俗。

但是，汽车犹如双刃剑，它是天使也是魔鬼，汽车会给人类社会带来很多公害，如环境污染、交通事故、能源危机、土地占用、道路拥堵等。

第一节　汽车外形

一、经济与技术、文化与时代：影响汽车外形的因素

作为世界商品的汽车，消费者较关心其外形。

汽车外形要表现汽车的特征，使人们对这种交通工具产生美感，由审美鉴赏上升为对产品内容更为深刻的理解，并由此产生使用和占有的欲望。因此，汽车的造型设计至关重要，成了产品方案选择的决策性步骤，全球各大汽车企业在汽车造型方面倾注了大量的人力、物力和财力。

汽车对很多人来说，已不仅仅是一种交通工具，而是一种文化，一种个性化的体现。优秀的汽车造型设计，应符合消费者不同的审美意愿。

汽车在现代工业产品中占有举足轻重的地位，所以汽车设计也成为现代设计的重要组成部分，特别是汽车外形的设计变革与发展，与现代产品设计潮流也是密切相连的。现代汽车的外形已不仅仅停留在对其外形的装饰加工上，它早已不再是"四个轮子加两个沙发"的简陋机器，而是集科技与艺术之大成的人类智慧的结晶。汽车设计师们以他们丰富的形象思维，再加上现代科技的应用，不断创造出性能优良，又让人赏心悦目的产品，汽车是真正将艺术与技术完美结合的产物，如图 5-1 所示。

图 5-1　汽车是真正将艺术与技术完美结合的产物

> **小贴士**：汽车的车身外形变化，从技术上讲主要取决于三个方面：机械工程学、人体工程学和空气动力学。机械工程学要求动力性好，操纵稳定性好，满足汽车的行驶要求，降低生产成本，便于维护；人体工程学要求驾乘人员有足够的活动空间，舒适性好，驾驶方便；空气动力学要求汽车外形应该具有良好的流线型，空气阻力要小，并保证汽车在高速行驶时的稳定性。

20 世纪初期的汽车多以高大的厢式马车造型为主，无论是篷式帆布车厢还是方方正正的硬顶车厢，由于它们的车速不是很高，虽然其迎风面积较大，也不会产生很大的空气阻力。但随着车速的提高，空气阻力便不可忽视了，它已经超过轮胎与地面的滚动阻力，成为汽车行驶的主要阻力，因此人们开始以降低汽车的高度减小迎风面积来克服空气阻力。但是，随着车身的不断降低，驾驶室变得越来越低，这不仅影响乘坐的舒适性，而且视野也受到影响，直到空气动力学的引入才使这一难题得到根本的改善。

空气动力学的发展对汽车外形设计的影响十分巨大，这也是科技对汽车造型的贡献。现代的汽车设计，要在风洞中进行大量实验（见图 5-2），尽量使汽车的外形符合空气动力学的要求，从而降低油耗，提高性能，这已经成为设计过程中的重要一环，也是汽车外形设计师设计汽车外形时考虑的重要因素。

图 5-2　汽车进行风洞实验

小贴士：不同的地域和民族有着不同的文化，汽车造型也有着不同的风格。比如：美国车造型大气，车身宽大，线条硬朗，富于装饰，创新意识强，善于运用流行元素；日本车造型注重实用性，线条流畅，追求细节；英国车造型稳重内向，有内涵，不追求有夸张的外形；法国车造型前卫、优雅，线条简洁、流畅，个性十足，洋溢着浪漫气质；德国车有着深厚的理性传统，造型严谨、庄重、典雅，线条挺拔有力；意大利车造型狂野不羁，功能与造型完美结合。

也许这些评价不能完全概括各地区汽车风格，尤其是随着当今国际交流的频繁和世界一体化进程的深入，汽车设计的国际化趋势进一步加强，各国汽车外形趋于融合，地区特征在减弱，但这些差异也是客观存在的。

现代汽车作为一种为人使用而设计的交通工具，同时又是大工业文明的产物，因此汽车外形的发展不仅受到科学技术的影响，同时又受到人们生活方式的改变和审美观的影响，甚至是经济文化和地域特征的影响。可以说，汽车设计风格形成和演变是人类社会各方面相杂糅的产物，是时代的产物。

通用汽车公司的董事长阿尔弗莱德·斯隆（Alfried Sloan，1875—1966）认为汽车不仅仅是一种交通工具，它就如同时装一样，也是体现自己个性风格的一种方式；他认为人们的地位不同，职业不同，生活习惯不同，理应驾驶不同风格和式样的汽车，因此他对汽车造型非常重视。1923年他出任通用汽车公司总裁，1927年他决定成立通用艺术与色彩部，聘请哈里·厄尔（Harley Earl，1893—1969）为首席造型设计师，专门负责汽车造型设计，如图5-3所示。这一汽车设计部门的成立对美国的汽车设计，甚至对世界的汽车设计都是划时代的，不仅表明汽车厂商开始注意到汽车的外形甚至颜色对产品市场的重要性，而且从此真正意义上的汽车造型设计才宣告诞生。哈里·厄尔极富创新精神，设计风格大胆奔放，十分前卫，他借鉴了好莱坞不少花样翻新的设计创意，并创造性地加以

图5-3　现代汽车造型设计的先驱者
哈里·厄尔

应用，他的设计风格对美国汽车设计风格的影响很大，他是概念车的先驱者（见图5-4），他的很多设计都是同时期的代表车型，他的设计风格元素甚至在今天的汽车设计中都能找到。

20世纪50年代的汽车似乎又回到了20世纪20年代已固化了的那种发展模式：欧洲汽车重视经济性及强调技术进步和质量，涌现了无数的经典小型车；美国车则装备"老虎"发动机，"大力士"汽车观念流行，追求豪华的车身，并把汽车外形风格摆放到了首位。这一时期，美国汽车夸张的发动机盖和引人注目的车头是从战斗机上移植来的；所有汽车都设计有尾翼，并设计成炸弹形状，并有许多镀铬框条；一些汽车设计成飞船形状，感觉似乎已经征服了地球，如图5-5所示。

图 5-4　哈里·厄尔设计了世界上第一辆
概念车别克 Y-job（1938 年）

图 5-5　斯蒂贝克引人注目的
车头是从战斗机上移植来的（1950 年）

　　在车身外形方面，20 世纪 50 年代的美国汽车市场被称为"汽车造型史上的黄金时代"，轿车是火箭式车头、飞船式车尾，"更大更好"成为格调，性能的重要性变得逊于外表，舒适和款式变得更为重要。长长的尾鳍造型是当时美国轿车的重要特征。那个时代火箭是高科技的象征，也是速度和自由的象征，用火箭式的尾鳍装饰汽车流行一时，这在通用的车系中最为突出，而凯迪拉克又是其中的代表。哈里·厄尔设计的凯迪拉克埃都拉多是尾鳍造型风格的顶峰，更是汽车史上浮华时代的顶点，如图 5-6 和图 5-7 所示。

图 5-6　哈里·厄尔设计的凯迪拉克埃都拉多（1959 年）

图 5-7　尾鳍造型是 20 世纪 50 年代美国轿车的重要特征

　　这些模仿飞机、火箭、飞船的尾鳍造型显然过度了，既不实用，也影响了整体美观，显得很累赘。"尾鳍"在国际车坛流行只有大约 10 年时间（1950～1960 年），20 世纪 60 年代中期美国基本上已经没有生产这种造型的汽车了。

汽车外形的造型特点，除了具有艺术性、民族性、地域性、时代性外，还具有明显的个性。一些历史悠久的汽车公司生产的汽车，在外形上都保持着自己独有的风格和特点，特别是汽车的"脸"——散热器面罩形状——更具传统，如图5-8～图5-11所示。

图5-8 劳斯莱斯
"宫殿"散热器面罩

图5-9 宝马
"双肾"散热器面罩

图5-10 阿尔法-罗密欧
"倒三角"散热器面罩

图5-11 吉普
"七孔"散热器面罩

二、从方到圆再从圆到方：不同时期的汽车造型风格

汽车设计风格也像服装设计、家具设计等一样，也被时尚和流行左右。轿车的变化则通过换代、换型，还有年度车型来体现，所有这些变化是通过汽车科技含量的提高，外观造型的变换，局部细节的差异来实现，厂商利用车型和款式的新鲜感、差异感、时尚感吸引顾客，打开市场。

纵观近年的汽车造型设计演变，你会发现如今汽车设计语言有一个明显的趋势，就是从"圆"到"方"，从过去讲究的"弧线""圆润"，到近几年来更加热衷的"棱角分明"。

可是有意思的是，如果当你翻开汽车百年的发展史，由"圆"变"方"这个演变其实并不只是发生在这几年的事，它更像是一个轮回，一个循环。因为从最早的汽车追忆至今，汽车造型设计的演变顺序就是：方—圆—方—圆—方。

最早的汽车是方的，就像一个盒子，比如福特当初的T型车就是一个简简单单的"盒子"，如图5-12所示。之所以如此简单，原因之一是在当时汽车工业刚刚发展的初始阶段，还根本没有"工业设计美学"的这个概念，且早期的车身大多由先前的马车商定做。

到了20世纪30年代，你会发现大街上跑的车又突然都变圆了，像影响比较大的克莱斯勒气流，而出现这样的变化是因为当时空气动力学已经开始起步，人们意识到圆润的车身可以降低风阻；另一方面也是人们对方头方脑的"老爷车"的厌倦。于是，汽车都开始变圆了，如图 5-13 所示。

图 5-12　福特 T 型车——方

图 5-13　1934 年克莱斯勒气流——圆

　　自从运动流线型流行之后，车的外形变得越来越圆润，圆润、柔和、饱满、厚重成为轿车的流行趋势。

　　到了 20 世纪 70 年代以后，汽车开始变方，又开始像个盒子一样。特别是豪华轿车领域则开始了大一统的船形时代。

　　这种回归"方形"设计的现象，除了受当时"先锋派"设计风潮的影响，比如意大利著名设计师乔治亚罗设计的 1973 年帕萨特车型（见图 5-14）；同时因为在空气动力学方面已经有了局部优化和提高，即使做得很"方"，风阻也不会很大，而这种比较平的面也更便于当时的冲压机床加工，降低成本等。除此之外，当时的汽车外观也逐渐变得更加繁复，有了保险杠、车身饰条、镀铬的零部件等，所以在当时没有计算机等设计软件的辅助情况下，方形的车身反而更简单一些。

　　进入 20 世纪 90 年代，全世界刮起了一股复古怀旧之风。也许是对即将过去的一个世纪的缅怀，怀旧魅力再现，大兴复古遗风，汽车外形潮流当然也不会落于人后。车子又变"圆"了。比如 1996 款的帕萨特 B5，当时帕萨特 0.28 的风阻系数轰动整个业界，如图 5-15 所示。这主要得益于整个制造业科技的进步，以及工业设计水平有了很大的提升，能通过圆润的车身设计带来更小的风阻，同时还能将保险杠、车身饰条等零部件完美地融合在曲线的设计当中。直到 2006 款的帕萨特仍旧车身魁梧庞大，整体设计十分圆润饱满，当时非常符合人的消费习惯，如图 5-16 所示。

图 5-14　1973 款帕萨特——方

图 5-15　1996 款帕萨特 B5——圆

可是人们的审美一直在变，看惯了由柔软线条堆砌的汽车，人们反而渴望硬朗的风格了，于是世界车坛又掀起了直线风潮。通用凯迪拉克就推出了一系列"刀锋"造型的车，欧洲福特汽车公司也开始融入"尖锐"风格，并期望它成为欧洲福特新的品牌特征。

再来看看2016年的新一代帕萨特，它的造型变化相比于2006款，其车身轮廓清晰，线条硬朗，立体感很强。它们相比过去老款车型都明显"瘦身""修长"，更加"棱角分明"了许多，就好像一位身材魁梧的大叔，摇身一变练就了一身健硕的肌肉，让人眼前一亮，如图5-17所示。

图 5-16　2006 款帕萨特——圆　　　　　图 5-17　2016 款帕萨特——方

也就是说，再回到如今，汽车的造型设计又开始"方"了。在保证性能的前提下，增加差异化与实用性的体现，从流线形、弧线到有棱有角。

汽车造型中"美"的概念和时代感不是抽象的或固定的，它随着科学技术及物质条件、时间、地域、人的审美情趣和经济水平而不断地演变。

三、轿子、箱子、虫子、楔子：汽车外形的演变

纵观历史，汽车车身的外形变化经历了汽车初期的人力车和马车阶段，后来逐渐转到了仿生学，可以分为以下六个发展阶段。

1. 第一代车型——马车形汽车

在汽车发展的早期，汽车就是根据马车的造型演变而来，甚至还有些厂商在车子前方安装一个马的头型。如本茨发明的汽车是在人力三轮车的基础上发展而来的；世界上第一辆四轮汽车——戴姆勒的四轮汽车，则是在马车上安装了内燃机。因此，当时汽车的发展主要着眼于研究汽车的机械工程学，即只要使汽车开动起来就行，而汽车的外形基本上就是沿袭了马车的造型，所以当时的汽车又被称为"无马的马车"，如图5-18和图5-19所示。

图 5-18　早期的汽车是"无马的马车"

马车车身通常是敞开的或仅用活动篷布来避风挡雨，显然难以阻挡风吹雨淋，对于作为有钱人的玩物的汽车，必须对此进行改进，以满足使用者的要求。

2. 第二代车型——箱形汽车

第二代车型——箱形汽车，以 1915 年福特 T 型（Ford T）汽车为代表，如图 5-20 所示。

图 5-19　马车形汽车代表
——戴姆勒四轮汽车

图 5-20　箱形汽车代表
——福特 T 型车

由于这种车身的造型类似于欧洲的贵妇人用于游园会和其他一些场合的人抬的轿子式轻便座椅，所以它在商品目录中被命名为"轿车"。这恐怕是"轿车"这个名称的来源了。

随着汽车的普及和生活节奏的加快，对车速的要求也越来越高，人们通过提高发动机功率的办法来克服汽车阻力，使得车速加快。这样一来，发动机由单缸变成 4 缸、6 缸、8 缸甚至 12 缸，气缸一列排开，发动机罩也随之变长。

为提高车速，人们开始降低车的高度，减小空气阻力，但由于车顶高度的降低影响前方视野，这种方法最终被放弃。

作为高速的汽车，箱形并不够理想，因为它的阻力大大妨碍了汽车前进的速度，所以人们又开始研究一种新的车型——流线型。

3. 第三代车型——甲虫形汽车

第三代车型——甲虫形汽车，以 1934 年 1 月美国的克莱斯勒生产的气流轿车为代表。

早在 20 世纪 20 年代末，克莱斯勒公司的工程技术人员就开始对汽车空气动力学进行了深入的研究。克莱斯勒的工程师卡尔·比尔（Carl Breer，1883—1970）（见图 5-21）与他的同事在密歇根州的海兰公园城建立起了一个昂贵的风洞实验室，用来测试汽车模型的风阻。1930 年 4 月，经过风洞测试，他们决定将车身制成流线型——前面有较大的横截面，沿车身纵向越往后横截面越小的水滴状造型。他们试制出了一辆样车，是模仿齐柏林飞艇的式样。这是一辆两厢 4 门 6 座车，整个车身线条圆滑，为了符合空气动力学，尾部被设计成向后凸起的圆锥形，但这一造型很难被用户接受，无法批量生产，如图 5-22 所示。

于是，他们对这一造型进行改良，在符合空气动力学原理的

图 5-21　克莱斯勒气流汽车
的主要设计者卡尔·比尔

同时，尽量适应批量化生产的要求以及人们当时的接受程度，于是"气流"诞生了。1932 年第一辆气流样车制成，它吸取了飞艇、流线型火车等多种减少空气阻力造型的长处，如图 5-23 和图 5-24 所示。

图 5-22　比尔等人试制的模仿齐柏林飞艇的样车

图 5-23　1932 年第一辆气流样车

图 5-24　甲虫形汽车代表——美国的克莱斯勒气流（1934 年）

1934 年 1 月，在纽约汽车展览会上，"气流"首次与公众见面。这是一辆全新的汽车，以往独立布置的前翼子板、前照灯全都不见了，展现在人们面前的"气流"已将大部分前翼子板缩入车身两侧，前照灯也融入车身，去掉了脚踏板，消除了原来凹凸部分，前风窗首次采用整块曲面玻璃，进一步减小了空气阻力，瀑布状倾斜布置的水箱通风罩栅，使流线型车身更显流畅，颇具动感，俯视整个车身呈纺锤形，很有特色。车的头部和尾部采用光滑的曲面、曲线和大圆弧过渡的造型，翼子板与侧围的装饰有机地结合成一体，给人以圆滑、畅通的美感。

"气流"还接连创下了 72 项新的速度纪录，其中包括 157km/h 的最高时速；以平均150km/h 的速度持续行驶 800km；以平均 135.6km/h 的速度持续行驶 24h，行程超过 3256km。

但是，"气流"的销售情况却不好。究其原因，主要是它的外形设计超越了时代的欣赏能力，由于看惯了传统的厢式汽车的人们，对这一革命性的变革一时还难以接受。

无论如何，克莱斯勒气流牌汽车开创了流线型汽车的时代。在它的影响下，一个又一个甲虫形的经典之作得以诞生，比如瑞典的沃尔沃 PV36、美国的林肯和风、日本的丰田 AA、德国的大众甲壳虫等车型，如图 5-25 ~ 图 5-28 所示。

图 5-25　沃尔沃 PV36（1935 年）

图 5-26　林肯和风（1936 年）

图 5-27　丰田 AA（1936 年）

图 5-28　大众甲壳虫（1938 年）

4. 第四代车型——船形汽车

第四代车型——船形汽车，以 1949 年福特 V8 型车为代表，如图 5-29 所示。

图 5-29　船形汽车代表——福特 V8 型车

船形汽车外形是直线平面与棱线的过渡相结合，显得挺拔刚健、简洁大方，有一种安稳的美感。它一改传统的设计方法，把前翼子板和发动机罩、后翼子板和行李舱融为一体，前照灯和散热器栅格也组成一个整体，车舱位于车的中部，就像是船身上突起的船舱。船形汽车将发动机前置，汽车重心前移，风压中心位于汽车重心之后，由此避免了流线型车身对横向风不稳定的问题。

福特 V8 型汽车的成功，不仅在外形上有所突破，还首先把人体工程学应用在汽车的设计上，强调以人为主体来设计便于操纵、乘坐舒适的汽车。至今，船形汽车成为世界上数量最多的一种车型。

5. 第五代车型——鱼形汽车

第五代车型——鱼形汽车，以1952年美国的别克车为代表，如图5-30所示。

图5-30 鱼形汽车代表——美国的别克

船形汽车尾部过分向后伸出，形成阶梯状，在高速时会产生较强的空气涡流。为了克服这一缺陷，人们把船形车的后风窗玻璃逐渐倾斜，倾斜的极限即成为斜背式。这类车被称为"鱼形汽车"。

此车型是采用头部过渡的上斜式车型；尾部采用平顺的斜切线式，有利于排气，能防止由气流造成的涡流现象，从而减少了空气阻力。

与甲虫形汽车相比，鱼形汽车的背部和地面的角度较小，尾部较长，围绕车身的气流也比较平顺，涡流阻力较小。另外鱼形汽车基本上保留了船形汽车的长处，车体宽大，视野开阔，舒适性也好，并增大了行李舱的容积。

由于鱼形汽车在高速时会产生升力，使车轮附着力减小，从而在遇横向风时可能会发生偏离行驶轨迹的危险。

6. 第六代车型——楔形汽车

第六代车型——楔形汽车，以1963年美国的斯蒂培克阿本提汽车为代表，如图5-31所示。

楔形汽车的造型特点是发动机舱盖板形成梯形，侧围和后围采用挺拔的直线或流畅的曲线，就是将车身整体向前下方倾斜，车身后部像刀切一样平直。这种车型的动力性好，且具有较好的稳定性，这种造型能有效地克服升力，使得汽车的空气动力性和稳定性达到了完美的程度。至此，汽车车身发展得已相当完善了。

"阿本提"诞生于船形车盛行的时代，与通常的外形形成尖锐的对立，因此，未能起到引导车身外形向前发展的作用，直到1966年才被奥兹莫比尔·托罗纳多（Oldsmobile Toronado，又译为"龙卷风"）所继承。

汽车发展到鱼形，关于空气阻力的问题已经基本解决，楔形继承了这一成果，并有效地克服了鱼形车的升力问题，使汽车的行驶稳定性有了显著的提高，楔形对于目前所考虑到的高速汽车，已接近理想造型。

现在世界各大汽车生产国都已生产出带有楔形效果的汽车，这些汽车的外形清爽利落、简洁大方，极富现代气息，如图5-32所示。

图 5-31　楔形汽车代表——美国的
斯蒂培克阿本提

图 5-32　现代汽车最具有楔形车身效果的
兰博基尼雷文顿

第二节　汽车色彩

汽车颜色是汽车的重要包装内容，如同人的衣服一样，它扮演着吸引消费者的重要角色。颜色最能影响轿车用户的购买行为，颜色是轿车厂商重要的市场战略。看似简单的汽车颜色更包含着消费心理、文化背景、个性风格等诸多因素。就像巴黎时装展会上发布的最新一季流行色一样，车身颜色也有国际流行趋势。

一、汽车色彩的含义

买车时，我们首先考虑的大概是车的价格、品牌、类型、外形和性能等，一旦确定了这些后，面临的就是如何选择颜色的问题。调查发现，大约60%的美国和欧洲消费者认为颜色是影响其购车决定的主要因素。

由于诸多复杂因素的影响，不同的人对同一色彩会做出不同的反应。每个人对颜色的解释不尽相同，选择的汽车颜色也不相同。

不同国家在色彩观念上存在异同。例如，各国国旗中红色所代表的意义就不尽相同，日本国旗中的红色象征太阳，法国国旗的红色象征博爱，而葡萄牙国旗中的红色则象征着战争中所洒下的热血；在中国，红色具有赤诚之意，同时又象征幸福和喜庆，所以中国轿车中红色相对较多。然而，在另一些国家，如美国则视红色为不祥之兆，如流血、死亡及赤字等。

日本人喜欢红、白、樱花红等鲜明及柔和的色彩，忌讳黑白相间色；新加坡人偏爱相间色，但黑白相间色例外；非洲大多数国家忌讳黑色，但却喜欢鲜艳的色彩；拉丁美洲国家大多偏爱暖色调，在他们的大型客车上往往涂饰艳丽夺目的各式图案；南亚的一些国家，因为皮肤黑，所以也不喜欢黑色，他们爱在车上涂绘奇花异草、珍禽异兽、风景名胜，甚至是美女、舞蹈以及神话中的图案，使得整辆汽车看起来绚丽多彩，喜庆而热烈，如图 5-33 和图 5-34 所示。

图 5-33　涂有不同图案和颜色的轿车

图 5-34　涂有不同图案和颜色的公共汽车

　　不同地区的日光照射强度存在着差别，这种差别造成了人们对不同色彩的偏爱。在美国，以纽约市为中心的大西洋沿岸城市的人们喜爱暗淡色，而旧金山太平洋沿岸地区的人们则喜欢鲜明色。意大利人喜欢黄色和红色，北欧人则更喜欢绿色，这都与当地自然环境中的阳光偏色有关。也就是说，车身的颜色必须和各地的自然环境相互协调。北欧的阳光接近于发蓝的日光灯色，南欧的日光偏于白炽灯发出的黄色光。由于人们长期在一种光源下生活，产生了习惯性的适应与喜好。因此，北欧人喜欢青绿色，南欧人喜欢黄红色就成了极自然的事情了。

　　如热带地区，日照时间长，光强相对较强，因此车身的日照面与背面颜色反差很大，如采用柔和的中间色调就可消除这种反差，就会比较喜欢浅色调，例如白色、绿色、浅灰色、黄色等。寒冷地区日照时间短，光强相对较弱，反差小，可采用强烈的纯色以加强车身造型效果，例如枣红色、蓝色、黑色等。

近几年来，不少亮丽、大胆、前卫的汽车颜色不断出现。新鲜的颜色吸引着消费者的眼球，同时也使消费者的选择余地增大。不过，一些汽车色彩的名称起得都很悦耳，什么宝石蓝、富贵黄、极地白等，其实就是图个听起来显得"够档次"。

二、基本色与流行色

基本色是指红、绿、蓝三原色。原色，又称为基色，即用以调配其他色彩的基本色。原色的色纯度最高，最纯净、最鲜艳，可以调配出绝大多数色彩，而其他颜色不能调配出三原色。在美术上，又把红、绿、蓝定义为色彩三原色，如图5-35所示。

流行色是指在一定的时期和地区内，被大多数人所喜爱或采纳的几种或几组带有倾向性的色彩，即合乎时尚的颜色。

图5-35　红、绿、蓝色彩三原色

2016年10月27日，世界最大的汽车涂料生产商美国PPG公司发布了2016年度全球汽车颜色报告显示，2016年全球所销售汽车中，白色（White）占38%，黑色（Black）占16%，银色（Silver）占12%，灰色（Gray）占10%，褐色/棕色（Brown）、米色（Beige）、黄色（Yellow）、橙色（Orange）、金色（Gold）等自然色（Natural）占8%，红色（Red）占8%，蓝色（Blue）占7%，绿色（Green）占1%。PPG预测未来蓝色将增加，因为蓝色涂装特有的色调、色度和具有层次感的外观可以凸显汽车独特的设计，让品牌更具辨识性，如图5-36所示。

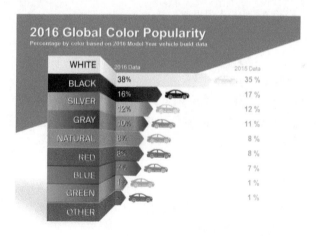

图5-36　PPG公司发布的2016年度全球汽车颜色报告中颜色百分比与2015年对比

小贴士：汽车流行色在各地区不会一成不变。在北美地区，白色25%，黑色和银色各19%，灰色12%，红色和蓝色各10%；在南美地区，白色37%，银色29%，黑色12%，灰色10%，红色8%；在欧洲地区，白色33%，灰色18%，黑色16%，银色10%，蓝色8%，自然色和红色各7%；在亚太地区，白色47%，黑色14%，自然色11%，银色10%，红色7%。

车辆颜色的喜好受市场和车辆类型的影响,例如,在北美银色是紧凑型车的主导颜色,而黑色是运动型轿车的首选;金属色深受美国和欧洲的男性青睐,女性更喜欢汽车上的珠光效果。

从车型上看,豪华轿车用得最多的是白色、黑色;中级轿车偏重白色、银色;紧凑轿车偏重白色、灰色;跑车红色的比重最大;MPV 和 SUV 是白色最多。

据立邦中国汽车涂料事业部公布的 2015 年流行色报告显示,2015 年无彩色(黑、白、银、灰)汽车占据中国乘用车生产量的 80%,其中白色占全部乘用车产量的 59.6%,与 2014 年相比增长 20%,再创历史新高;银色、灰色、黑色车占乘用车产量的 20%,与 2014 年相比下降 50%。在彩色车中,除红色以外,棕色、金色、米色三类自然色系近三年来始终保持 10% 左右的占比;橙色、蓝色在小型车、紧凑型车、小型和紧凑型 SUV 新车中的运用显著增加,其中蓝色的增长直接反映在紧凑型车的销量中。

丰富的车身颜色的创造,来源于设计师的构思及想象力。准确地说,与其说汽车色彩是设计师设计的产物,不如说汽车色彩是设计师猜测的产物,因为汽车是个商品,设计师选择色彩时最重要的依据甚至不是他的审美观,而是消费群体的口味,能不能把握住消费群体的心理是一个成功的汽车设计师所必备的最重要的能力。所以好的汽车设计师通常能"设计"出流行色,如图 5-37 所示。

图 5-37　丰富的车身颜色的创造,来源于设计师的构思及想象力

汽车的流行色与服装的流行色不同,其变化是缓慢的,它不像服装那样一年一个变化,一季一个类型,而汽车的流行色在一段时期只是呈现一种增长或者衰减的趋势,而且每一种颜色的延续惯性很强,比如说白色、黑色、银色、蓝色这些常规颜色在很长时间内的消费比例都不会出现很大的波动。

三、颜色的视认性

颜色的视认性就是颜色显眼与否。越显眼的颜色,就越能引起别人的注意。

影响视认性的因素主要有以下几点:

(1)颜色的进退性　即根据人们视觉距离的不同可分为前进色和后退色。比如使红、黄、蓝、绿的轿车与观察者保持等距离,在观察者看来,似乎红、黄色轿车要近一些,而蓝、绿色轿车要远一些。因此,红、黄称为前进色,蓝、绿称为后退色。前进色的视认性较好。

(2)颜色的胀缩性　将相同车身涂上不同的颜色,会产生体积大小不同的感觉。如黄色感觉大一些,有膨胀性,称为立体色;蓝色、绿色感觉小一些,有收缩性,称为收缩色。

颜色还能在人的心理上产生一种造型功能。颜色的造型效果取决于其面积、明度、纯度和匹配等因素。对于三维物体的轿车车身,由于其形体、尺寸及色差所造成的这种影响就更为明显,因此要根据车型来选择轿车颜色。

明度和纯度高的颜色能使车体显得大一些，因此适用于微型轿车。对于大型和中型轿车来说，采用明度和纯度适中的颜色较宜。买大型轿车最好选择低明度和低纯度颜色，因为这类颜色所产生的压缩效应使车体看起来较为紧凑和坚实。有时车体丰满的豪华车喷上一两种颜色饰条，可变得"俏丽苗条"起来。

（3）颜色的明暗性　颜色在人们视觉中的亮度是不同的，可分为明色和暗色。红、黄为明色，明色物体看起来觉得大一些、近一些、醒目一些；蓝、绿等色为暗色，暗色的车型看起来觉得小一些、远一些和模糊一些。

有些视认性不太好的颜色，如果进行合理的搭配，也可提高其视认性，如蓝色和白色相配，效果就大为改善。荧光和夜光漆能增强能见度和娱乐气氛，因而被广泛应用于各种赛车、摩托车等。但对于轿车来说，由于荧光颜色过于强烈，目前选用这类颜色的仅限于概念车。

视认性从好到差的排列依次是白色、银色、黄色、红色、蓝色、绿色、黑色。

四、汽车色彩与安全

汽车行车安全性不仅受其操作安全视线的影响，而且还受到车身颜色的能见度影响。视认性好的颜色能见度佳，有利于行车安全。

不同的色彩，进入人们的眼帘，不但能使人们产生大小、轻重、冷暖、明暗、远近等感觉，还能引起人们产生兴奋、紧张、安定、轻松、烦躁、忧郁等心理效果。这是人的视觉与各种感觉器官通过大脑神经活动的复杂联系的结果，是人类在长期劳动实践中逐渐形成和完善起来的。比如红色会使人联想起火红的旗帜；绿色会使人想到无边无际的原野；黄橙色会使人联想起熊熊的烈焰、炽热的太阳；蓝色会使人想起宁静的湖水、广阔的海洋。可见不同的色彩会给人带来不同的心理感觉，颜色能影响人的情绪、工作效率，同样也能影响驾驶。

一辆车的安全性，车色颜色提供的可见度的影响是不容忽视的。可见度是由车辆尺寸大小、光度及颜色的饱和度等因素决定的。

驾驶室内部色彩如何，也会带来不同的心理反应。如色彩过于浓重，会使人感到压抑；如色彩过于灰暗，会使人感到沉闷忧郁；如色彩过于刺激，会使人感到亢奋烦躁；如色彩过于艳丽，会使人感到刺目。这些色彩对人的情绪都有一定的影响，不仅会分散人的注意力，还易造成驾驶人员过早视觉疲劳，从而诱发交通事故。

据日本和美国的调查，发生事故的车辆中，车身颜色是蓝色和绿色的最多。因为蓝色和绿色为收缩色，看起来比实际要小，尤其是傍晚和下雨天，常不为对方车辆和行人注意而诱发事故。

图 5-38　银色汽车出车祸的概率最小

开什么颜色的汽车上路最安全？新西兰奥克兰大学科学家对 1000 多辆各色小汽车进行调研后发现，银色是最佳选择（见图 5-38），出车祸的概率最小；即使出事，驾驶人受伤程度也相对较轻，在车祸中遭受重伤的比率比开白色汽车的少 50%。相比之下，开白、黄、灰、红、蓝色车的驾驶人受伤的概率大致相同，而黑、褐、绿色车最容易发生交通事故，驾车人受伤的机会是开白、黄、灰、红、蓝色车的 2 倍。银白色汽车为何比其他颜色的汽车安全的原因目前还不得而知，这可能与银白色对光线的反

射率较高，视认性较高有关。

第三节 汽车展览

　　汽车展览（Auto Show / Motor Show）是由政府机构、专业协会或主流媒体等组织，在专业展馆或会场中心举行的汽车产品展示展销会或汽车行业经贸交易会、博览会等。

　　消费者可经由汽车展览会场所展示的汽车或汽车相关产品，了解世界汽车发展方向，端详汽车制造工业的发展动向与时代脉动。汽车厂商则可以通过车展对外宣传产品的设计理念，发布产品信息，争夺更多的汽车市场。

　　为了吸引更多的车迷参观，车展上通常还有音乐会、电影和视频游戏等，更吸引大家眼球的是大量的汽车模特秀。汽车模特为汽车展览增添了一道亮丽的风景，同时在某种程度上推动了车展业和汽车工业的发展，如图5-39所示。

图5-39　汽车模特为汽车展览增添了一道亮丽的风景

　　现今国际社会普遍公认的有世界五大国际汽车展览：德国法兰克福车展（International Motor Show Germany）、北美车展（North American International Auto Show，简称NAIAS）、瑞士日内瓦车展（International Geneva Motor Show）、法国巴黎车展（Paris Motor Show）、日本东京车展（Tokyo Motor Show，简称TMS）。巴黎车展、法兰克福车展和东京车展每两年举行一届，巴黎车展偶数年举行，法兰克福车展和东京车展在奇数年举行；北美车展和日内瓦车展都是每年举行一次。

> **小贴士**：全球五大车展可谓不分上下。法兰克福车展博大，日内瓦车展奢华，巴黎车展先锋，东京车展细腻，北美车展妖娆。法兰克福车展是目前世界公认的最大规模的国际车展；北美车展向来以量产车型首发而闻名；日内瓦国际车展当初主要以豪华车为主，近年来逐渐发展后变成了全球性的新车博览会；东京车展则是以汽车新技术为主要展出亮点；巴黎车展最主要的看点都在概念车上，法国人的先锋、时尚、包容、感性情怀在概念车上有更引人夺目的能力，总能给人争妍斗奇的感觉。

　　近年，随着中国汽车工业的飞速发展，北京车展（Auto China）、上海车展（Auto Shanghai）也发展成为了国际性的车展。

一、博大：法兰克福车展

德国是世界上最早办国际车展的地方。法兰克福车展前身为柏林车展，创办于1897年，世界上第一次车展是在德国柏林的布里斯托旅馆举办的，当时的参展车辆仅有8辆。

1951年柏林车展移到法兰克福举办，故改名为法兰克福车展，每两年一届。法兰克福车展是世界规模最大的车展之一，有"汽车奥运会"之称。车展一般安排在奇数年的9月中旬开展，为期两周左右。参展的商家主要来自欧洲、美国和日本，尤其以欧洲汽车商居多。

法兰克福车展展出的车辆主要有轿车、跑车、商务车、特种车、改装车及汽车零部件等。此外，为配合车展，德国还举行不同规模的老爷车展览。由于参观人数和展商数量的逐年增加，场馆面积已不能满足要求，于是从1991年开始，重点集中于乘用车展览，如图5-40和图5-41所示。

图5-40　德国法兰克福车展规模最大，有"汽车奥运会"之称

图5-41　法兰克福车展有较多的展车来自德系品牌

这个车展的地域色彩很强，可能因为是名车发源的老家，靠近各大车商总部，看法兰克福车展的欧洲观众不但拖家带口、人山人海，而且消费心理非常成熟，汽车知识了解得很全面。车展上，各种品牌新车很多，参观者挑选车型重视的是科技状态的发展、汽配零部件质

量，甚至是自己动手维修问题，理性实用的成分居多。

二、狭隘：北美车展

图 5-42 北美国际
车展标志

北美国际车展（见图 5-42）创办于 1907 年，起先叫作底特律车展。早在 1900 年 11 月，纽约美国汽车俱乐部召开了第一届世界汽车博览会，1907 年转迁到底特律汽车城，当时会场设在贝乐斯啤酒花园，小小的展示区中参加的厂商只有 17 家，车辆不过 33 辆。底特律车展原则上每年举办一次，但受第二次世界大战影响曾在 1943~1952 年期间停办。从 1965 年起，展览移师底特律科博会议展览中心。1989 年更名为"北美国际车展"。车展由底特律汽车经销商协会主办。

从 1995 年起，来自美国和加拿大的约 50 位专业汽车行业记者组成独立评审团，每年一次评选并颁发北美年度轿车奖和卡车奖。他们从设计、安全、操作、创意、驾驶舒适度和性价比等方面对汽车进行评估。年度轿车奖和卡车奖均在北美国际车展的媒体开放日首日公布。

北美车展是每年各车展的"排头兵"，时间固定在 1 月上旬开始。展览面积约 8 万 m^2，每届车展平均都有 50 款左右新车型参展。车展吸引了大量来自美国其他州以及其他国家的参观者，每年高达 70 万人左右。众多人被吸引到车展的原因，除了对汽车的兴趣外，还因为车展办得像个大的假日集会，热闹非凡，如图 5-43 所示。

图 5-43 北美国际车展以量产车型首发闻名

2017 年北美车展于 2017 年 1 月 8~22 日举办。门票价为 6~12 美元。

三、奢华：日内瓦车展

日内瓦车展创办于 1905 年，是欧洲唯一年度举办的大型车展，是各大汽车商首次推出新产品的最主要的展出平台，以其众多首次推出的概念车和新车型而闻名，素有"国际汽车潮流风向标"之称。1926 年起由非正式协会主办，1947 年协会改组为国际车展基金会；1982 年起由瑞士政府创立的政府展览基金会主办。日内瓦车展每年 3 月在巴莱斯堡展览会场举行。

日内瓦车展以展示豪华车及高性能改装车为主，展品比较个性化。各大参展商都拿出自家最新作品，展现脑洞大开的设计理念和强大科技的结晶，都想在这个举足轻重的汽车盛会中博得眼球。车展上，除了那些极富吸引力的超级跑车之外，原型车、新配件和创新科技展示，跨国合作洽谈乃至社会讨论会，都会在车展期间进行，这在其他国际车展上是非常少见的。可以说，日内瓦车展是全世界汽车品牌的一场精彩擂台秀，要想第一时间看到最前沿的展示品非日内瓦车展莫属，如图 5-44 ~ 图 5-46 所示。

图 5-44　瑞士日内瓦车展以豪华车为主

图 5-45　日内瓦车展巴莱斯堡展览会场

图 5-46　日内瓦车展海报（左：1905 年，中：2009 年，右：2017 年）

日内瓦车展展会面积为 7 万 m^2，每年总能吸引着约 30 个国家的 900 多辆汽车参展，有 70 多万人从全球各地抵达日内瓦参加这一盛会。

2017 第 87 届日内瓦车展于 2017 年 3 月 9 ~ 19 日举行，门票价格为 9 ~ 14 瑞士法郎。

四、先锋：巴黎车展

汽车的早期发展在法国。对于汽车这种当时算是享受生活的奢侈品来说，法国人更是热衷不已。

1898 年，在法国汽车俱乐部的倡议下，法国巴黎杜乐丽花园举行了第一个国际性的车展——国际汽车沙龙会，有 232 辆汽车参展，14 万名游客前来参观。这次车展，有一项非常有意思的规定，那就是但凡想要参展的车辆，必须能够仅依靠自身的动力完成从巴黎到凡尔赛的往返，以证明这些车辆是真正可以行驶的汽车，而非摆在那里供人观赏的空壳。

从 1898 年至今，巴黎车展一直是全球最重要的汽车展会之一。1976 年以前（除开两次世界大战期间）是每年一届，此后每两年一届，逢偶数年的 9 月底至 10 月初举行。1910 年起巴黎车展移师巴黎大宫，自此也定下了全球顶级汽车展会的基调。1962 年巴黎车展移师凡尔赛门展览中心，直至今日这里仍是巴黎车展的根据地，如图 5-47 和图 5-48 所示。

图 5-47　1910 年起巴黎车展移师巴黎大宫

图 5-48　1962 年巴黎车展移师凡尔赛门展览中心

法国的汽车设计一向以新颖独特著称于世，这在巴黎车展中显露无遗，使得巴黎车展始终围绕着"新"字做文章。与此同时，巴黎车展是概念车云集的海洋，各款新奇古怪的概念车常使观众眼前一亮，如图 5-49 所示。

图 5-49 法国巴黎车展"新"车争妍斗奇

巴黎车展面积约 18 万 m^2，每年有大约 270 个品牌参展，参观者最多达 120 多万人。

2016 年巴黎车展于 9 月 29 ~ 10 月 16 日在巴黎凡尔赛门展览中心举办，门票价格 6 ~ 12 欧元。

五、细腻：东京车展

东京车展是世界五大车展中历史最短的，创办于 1954 年，逢单数年秋季举办轿车展，双数年为商用车展。从 2007 年开始，东京车展再一次变成了两年一度。举办时间在奇数年的 11 月左右。东京车展被誉为"亚洲汽车风向标"，对于世界汽车市场有较深的影响。

东京车展历来是日本本土生产的各种千姿百态的小型汽车唱主角的舞台。日本厂商的多款造型小巧精美的车总能成为车展的主角。展出的展品主要有整车及零部件，其各类电子三维展示装备，让车展的参观者有"头晕目眩"的奇妙感。有趣的是，东京车展中的很多车在日本以外的市场都不卖，很大一个原因是它的定位太细，在国外找不到对应的成规模的市场，如图 5-50 ~ 图 5-52 所示。

2011 年第 42 届东京车展主会场从以往的千叶幕张国际会展中心转移至东京国际展览中心，也是该车展时隔 24 年后重回东京。

2015 年第 44 届东京车展于 10 月 29 日到 11 月 8 日举行，共有 11 个国家 160 家公司参展，共有 76 款车型在本届车展上完成全球首秀，参观人数超过 90 万人。

门票价格 500 ~ 1500 日元（合人民币 30 ~ 90 元）。

图 5-50 日本东京车展以汽车新技术为主要展出亮点

图 5-51　日本厂商的多款造型小巧精美的车总能成为东京车展的主角

图 5-52　东京国际车展海报（左：2009 年；右：2015 年）

六、国际化：北京车展

北京车展于 1990 年创办，逢双数年的 4 月下旬举办。展会成为企业发展战略发布、全方位形象展示的窗口，全球前沿技术创新信息交流的平台，品牌推广宣传的舞台。秉承"展品精、品牌全、国际化"的办展理念和特色，北京车展已成为目前在国际上具有较高知名度的品牌展览会，为中国汽车工业的发展，自主汽车品牌的创立、发展，发挥了重要的作用，并为促进中外汽车界的交流与合作做出了积极的贡献，如图 5-53 所示。

由中国机械工业联合会、中国机械工业集团有限公司、中国国际贸易促进委员会、中国汽车工业协会联合主办的"2016（第十四届）北京国际汽车展览会"于 2016 年 4 月 25 日至 5 月 4 日在北京中国国际展览中心新馆和老馆同时举行。北京车展总展出面积达到 22 万 m²，来自

图 5-53　北京车展具有国际化的办展特色

全球 14 个国家和地区的参展商 1600 多家，来自全球的 100 多个汽车品牌共展示车辆 1125 辆，在 120 辆首发车型中，中国车企全球首发车 84 辆（跨国公司 36 辆）、概念车 74 辆（中国车企 26 辆）、新能源车 88 辆，吸引观众共 81.5 万人次，成为全球规模最大的汽车展览会之一。

北京车展门票价格为 50～100 元。

七、影响力：上海车展

上海车展创办于 1985 年，逢奇数年的 4 月下旬举办，是中国最早的专业国际汽车展览会，同时也是中国第一个被国际展览联盟（UFI）认可的汽车展。主办单位为中国汽车工业协会、中国国际贸易促进委员会上海市分会和中国国际贸易促进委员会汽车行业分会。伴随着中国及国际汽车工业的发展，经过多年积累，上海车展已成为国际上具有影响力的汽车展，如图 5-54 所示。

图 5-54　上海车展已成为国内最大、国际上具有影响力的汽车展

2003 年上海车展首次移师上海新国际博览中心，正式步入国际 A 级车展的行列。

2017 年第 17 届上海车展于 2017 年 4 月 18～27 日举办。门票价格为 50～100 元。

第四节　汽车公害

2011 年 8 月 16 日，世界著名的美国汽车行业杂志《汽车视角》公布，截至当日，全球

处于使用状态的各种汽车，包括轿车、载货汽车以及公共汽车等的总保有量已突破10亿辆。

2011年年底，全球汽车平均拥有量为1:7，即每7个人拥有1辆汽车。美国是最大的汽车拥有国，其汽车注册量达2.4亿辆。

2016年年底，中国机动车保有量达2.9亿辆，其中汽车1.94亿辆；2016年新注册登记的汽车达2752万辆，保有量净增2212万辆。全国有49个城市的汽车保有量超过100万辆，18个城市超200万辆，6个城市超300万辆。其中，北京、成都、重庆、上海、深圳、苏州、天津、郑州、西安、杭州、武汉、广州、石家庄、东莞、南京、青岛、宁波、佛山18个城市汽车保有量超过200万辆。全国汽车保有量中，小型载客汽车达1.6亿辆；其中，私家车达1.46亿辆，占92.6%。全国平均每百户家庭拥有36辆私家车，成都、深圳、苏州等城市每百户家庭拥有私家车超过70辆。按照百户居民家庭拥有汽车20辆的标准，中国不少省市已进入汽车社会行列。从目前发展趋势看，汽车正快速进入中国城镇地区，驶向汽车社会的城市梯队已经形成。

2016年年底，全国机动车驾驶人数量达3.6亿人，汽车驾驶人超过3.1亿人，全年新增汽车驾驶人3 129万人。

汽车社会是指汽车产业发展到一定阶段，即一个社会围绕着汽车这一现代工业产品，形成一整套经济、文化、生活体系，特别是随着轿车大规模进入家庭后出现的一种社会现象。在我们享受汽车带来的便利，走入汽车社会时，不得不忍受汽车给人类社会带来的种种伤痛。

一、汽车与交通事故

交通事故是指车辆在道路上因过错或者意外造成的人身伤亡或者财产损失的事件。

自汽车问世至今，已经有3000多万人惨死在飞转的车轮之下。现在，全世界每年近百万人死于道路交通伤害（世界卫生组织统计为125万人，而各国交通管理部门统计为50万人），在交通事故中受伤的人数高达千万人。因道路交通伤害引起的85%的死亡以及90%的伤残发生在中等收入和低收入国家。

世界上最大的一次车祸发生在刚果（金）当地时间2010年7月2日18点左右，一辆巨型油罐车在位于东部南基伍省乌维拉市附近的桑格村发生交通事故，油罐车突然发生爆炸，并且燃烧起来，火势不断蔓延，当时村里很多人都聚集在附近的一台电视机前观看世界杯巴西对荷兰的比赛，还没来得及散开，就已经被吞没在火海中。事故共造成超过240人死亡，190人受伤，如图5-55所示。

图5-55　世界上最大的一次车祸（左图为事故现场，右图为部分遇难者）

中国是世界上汽车交通事故最多的国家。据公安交通管理部门统计，2002 年中国死于汽车交通事故的人数为 109308 人，受伤 56.2 万人，直接经济损失达 33.2 亿元。近年，中国交通事故死亡人数有所下降。2015 年，全国共接报涉及人员伤亡的道路交通事故 21017 起，造成 72387 人死亡。

汽车交通事故已成为中国 15~45 岁人群的第一大杀手，对社会经济发展造成了严重影响。

二、汽车与石油危机

石油危机为世界经济或各国经济受到石油价格变化的影响所产生的经济危机。迄今被公认的三次石油危机，都对石油的价格产生了巨大的影响。

2008 年 1 月 2 日，主要受非洲产油大国尼日利亚国内局势持续动荡影响，国际市场原油价格首度突破每桶 100 美元大关。7 月 11 日，原油最高点达到 147.25 美元，为历史最高价格。当日纽约原油的开盘价为每桶 141.76 美元，收盘价为 145.78 美元，当天交易的最高价是 147.25 美元，最低价是 141.44 美元。但是，到 12 月 24 日，纽约原油价格盘中曾跌至每桶 35 美元，报收 35.35 美元。2017 年初，世界原油价格每桶在 55 美元左右。

石油、天然气等是重要的能源资源。世界石油产量的 50% 左右被汽车消耗。在现代文明社会，如果没有了能源，一切现代物质文明也将随之消失，如图 5-56 所示。

图 5-56 石油将有枯竭的一天

世界石油资源的地区分布是不平衡的，许多国际矛盾和冲突由此引发。世界石油地区消费量与石油资源拥有量存在严重失衡现象，而石油资源在国家发展中有具有特殊的战略意义，因此全球围绕油气资源的争夺一直非常激烈。

在中国，石油储藏量和开采量非常有限，石油的需求越来越多地依靠进口。1996 年中国就已经成为石油和石油产品净进口国，同时成为世界第三大石油消费国，而到 2003 年已成为了世界第二大石油进口国，2011 年中国超过美国成为第一大石油进口国和消费国。2016 年，中国国内石油消费量增加到 5.56 亿 t，约占世界石油消费量的 10%，对进口石油的依存度达到 65%；按目前汽车工业发展的趋势，中国的石油进口量还将继续增大，到 2030 年，中国对进口石油的依存度可能会达到 80%。汽车给中国的能源安全带来了很大的压力，而且这个压力还在增大。

三、汽车与土地资源

汽车的使用要求必须提供行驶的道路和停放的车位，这也意味着需要占用大量的土地。

对多数城市的生活小区和单位来说，为了解决居民或职工停车难问题，已经或多或少地减少了绿化面积或露天休闲场所。

2016 年年底，全国公路总里程 469.63 万 km。公路密度为 48.92km/100km²。

2016 年年底，中国高速公路总里程超过 13 万 km，位居世界第一。

2016 年 4 月 21 日，中国国土资源部公布：截至 2015 年 12 月 31 日，中国耕地面积为 20.25 亿亩 ⊖。2015 年全国因建设占用、灾毁、生态退耕、农业结构调整等原因减少耕地面积 450 万亩，通过土地整治、农业结构调整等增加耕地面积 351 万亩，年内净减少耕地面积 99 万亩。

中国人均耕地面积约 1.4 亩，排名世界第 126 位，是世界人均耕地面积的 40%。随着汽车保有量的增加，需要占用土地来建设更多的道路、停车场及配套基础设施，而中国人口众多，就人均拥有土地资源来看，中国是世界上最为贫乏的国家之一，汽车的过度发展必将进一步减少我们赖以生存的耕地，如图 5-57 所示。

图 5-57　汽车占用了大量的土地

如果中国进入汽车社会，未来汽车保有量达到日本的水平，即每 2 人拥有一辆汽车，那么汽车保有量将达到 7 亿辆。按照欧洲和日本标准，每辆汽车消耗的土地面积为 0.02 公顷 ⊜，将消耗 1400 万公顷的土地，而中国现有耕地面积只有大约 13000 万公顷，这样汽车消耗的土地面积将超过总耕地面积的 1/10，因而耕地资源短缺问题将非常严峻。

四、汽车与道路拥堵

汽车的高速发展造成道路堵塞，导致低效率，使汽车原本应带来的快捷、舒适、高效无法实现，严重影响着城市经济的发展，同时增加了汽车燃油消耗和污染物的排放，带来了许多负面影响。在我国几乎所有的大型城市，交通堵塞已成为城市功能正常运转的重大障碍。根据北大国家发展研究院 2014 年的研究结果："北京因交通拥堵每年约造成 700 亿元的损失，其中超过 80% 为拥堵时间损失。"更不用说因交通堵塞造成的燃料费用损失和环境污染引起的经济损失。

⊖　1 亩 = 666.67m²

⊜　1 公顷 = 10000m²。

我国 667 个城市中约有 2/3 的城市交通高峰时段出行拥堵。除北京、上海、广州、深圳等一线城市普遍有拥堵情况外，成都、武汉、重庆、西安、兰州等二三线城市的拥堵也非常严重，如图 5-58 所示。

图 5-58　部分城市道路严重拥堵，公路变成了大停车场

五、汽车与环境污染

汽车的大量使用产生了废气、噪声、电波干扰以及扬起的尘土，对自然环境造成很大的污染。

2016 年 6 月 2 日，国家环保部门公布了《2015 中国环境状况公报》，公报表明，2015 年中国 338 个地级以上城市，只有 73 个城市环境空气质量达标，占 21.6%；有 3/4 以上的城市达不到空气质量要求。

汽车对自然环境的污染包括大气污染、噪声污染和振动等。汽车排放的尾气中，主要有害成分是一氧化碳（CO）、氮氧化物（NO_x）、碳氢化合物（HC）、光化学烟雾、铅化物和碳烟细颗粒物（PM10 和 PM2.5）等，而这些主要集中在人口聚居的城市。通常在城市中心，交通排放的一氧化碳形成的污染物浓度占一氧化碳总浓度的 90%，碳氢化合物和氮氧化物占 50% 左右。中国机动车尾气排放在城市大气污染中的比重已达到 70% 以上，如图 5-59 所示。

图 5-59　汽车废气在城市大气污染中占主要原因

汽车废气直接影响到人们的身心健康和生活质量。汽车的噪声和振动已成为污染居民生活环境和学校、机关、医院等敏感设施的突出因素。另外，道路与汽车交通对生态环境产生了很大影响，影响土地、绿化和水质，使居民失去了健康的生活环境。

所谓的"噪声"，是指人们不需要的，使人们讨厌的干扰声。交通噪声是城市噪声的主要来源，约占75%；受交通噪声影响人口占受环境噪声影响人口的60%~70%；受交通噪声影响面积占受环境噪声影响面积的30%~40%。

机动车辆噪声源可以分为三类：

（1）与发动机转速相关的声源　主要包括排气噪声、进气噪声、风扇噪声、发动机表面辐射噪声（也就是自身向外发出对有用信号产生干扰的噪声，由燃烧噪声和机械噪声两大类构成，是发动机内部的燃烧及机械振动所产生的噪声）以及由发动机带动的发电机、空气压缩机噪声等。

（2）与车速相关的声源　主要包括传动系统噪声、轮胎-路面噪声、车体振动和气流噪声等。

（3）与车速、发动机转速无关的声源　主要是鸣笛噪声、制动噪声和其他通信装置产生的噪声等。

汽车还会产生电波干扰。在汽车电气设备中，有很多导线、线圈等电气元件，它们具有不同的电容和电感。而任何一个具有电感、电容的闭合回路都会形成振荡。例如，当火花塞放电时，就会产生高频振荡并以电磁波的形式放射到空中，切割无线电或电视天线，从而引起干扰。在汽车的电气设备中，点火系统的干扰最为严重。

此外，汽车的发展还给社会带来了诸多问题，影响了人们的生活质量，从某种意义上说降低了人们生活的幸福感。

 技能训练与实践活动

1. 查找世界石油价格的历史数据，绘制其价格趋势曲线。
2. 随机调查当地100辆汽车的颜色，统计出前三位的颜色所占的百分比。
3. 讨论：汽车工业对人类社会有哪些影响？汽车给人们会带来哪些危害？

参 考 文 献

[1] 林平. F1 赛事风云 [M]. 北京：人民交通出版社，2004.

[2] 林平. 汽车总动员（上、下）[M]. 2 版. 北京：机械工业出版社，2012.

[3] 林平. 车鉴：世界汽车发展的历程 [M]. 北京：机械工业出版社，2012.

[4] 林平. 车赛：世界著名汽车赛事 [M]. 北京：化学工业出版社，2012.

[5] 林平. 车标图鉴 [M]. 北京：机械工业出版社，2013.

[6] 林平. 汽车标志大全 [M]. 北京：电子工业出版社，2014.

[7] 林平. 老爷车总动员 [M]. 北京：电子工业出版社，2015.